最新版

30代でも定年後でも、
積立だけで3000万円!

投資信託はこの9本から選びなさい

セゾン投信会長
中野晴啓

ダイヤモンド社

プロローグ

誰も言えなかった「投資信託」の真実

私が前著『投資信託は、この8本から選びなさい。』を発売し、世に問うたのが2011年6月のこと。おかげさまで14刷3万部を超えるロングヒットとなりました。それから2年が経過するなかで、日本の投資信託を取り巻く環境は、大きく変わりました。

本書は、この2年の間に変わりつつある投資信託の周辺環境に対応するため、新たに加筆をし、再編集した改訂版です。

2011年1月末時点の、日本国内で設定・運用されている投資信託の純資産残高は、64兆3753億円で、個人が購入できるものは2621本でした。

では、2013年2月時点ではどうかというと、純資産残高は72兆6315億円に増え、ファンド本数も個人が購入できるものは、3376本（750本以上増加）です。かつて、投資信託の純資産残高がピークを付けたのが、2007年10月の82兆1518億円ですから、徐々にではありますが、純資産残高は過去最高額に近づきつつあります。

しかし、2012年末の個人金融資産を見ると、総額が1547兆円。つまり投資信託の占める比率は約4・7%でしかありません。50%超を占める預貯金に比べると、まだまだ投資信託を保有している個人は少ないのが現状です。このように、なかなか投資信託でお金を運用するという人が増えないのは、それなりの理由があるからだと私は思います。

そう、ハッキリ言えば、日本には資産作りに適したよい投資信託がほとんどないからです。

皆さんは、個人が投資信託を購入した場合の平均保有年数というのはどのくらいか、ご存知ですか？

何と平均で**たった2・3年です！**　これも2年前から比べると短くなっています。

これは一体、どういうことなのでしょうか。そもそも投資信託という運用商品は、長期の資産形成を図る目的で作られているものです。そうであるのにもかかわらず、2年と少しでせっかく買った商品を手放してしまう。長期投資を強力におすすめしたい私にとっては、非常に暗澹たる結果といえます。

このように、多くの投資信託の保有が短期に終わってしまうのは、これまでの長い歴史のなかで、日本の投資信託は単なる手数料稼ぎの道具、つまり販売する金融機関が儲けるための商品としかみなされてこなかったからです。

もっと言うと、日本の投資信託の出生そのものに、大きな問題があったともいえるでしょう。戦後、日本の投資信託制度が整備されたのは、1951年に現在の投資信託法（投資信託及び投資法人に関する法律、当初は「証券投資信託法」）が整備されてからですが、なぜこの制度ができたのかというと、当時、財閥解体によって停滞していた国内株式市場を活性化させるためでした。つまり、国策として投資信託が誕生したのです。

以来、国内金融市場・株式市場が停滞するたびに、投資信託が市場活性化の切り札として利用されてきました。

たとえば、国債や社債のみを組み入れて運用する「長期公社債投信」というファンドは、1961年に誕生しましたが、その誕生の理由は、高度経済成長のなかで、社債を発行して資金調達を試みた企業に、設備投資の資金を供給するのが目的と言われています。

1980年に誕生した「中期国債ファンド」は、日本が高度経済成長から安定成長期に移行していくなかで発生した税収不足を補うため、国が大量に発行した中期国債への資金供給を目的に設定されました。

最近注目されているETF（上場投資信託）やREIT（不動産投資信託）なども、元をたどれば、低迷続きの国内株式市場、不動産市場を活性化させる目的で制度が整えられ、誕生してきたのです。

ちなみに、日本で初めて投資信託が設定されたのは1941年のことですが、これは第二次世界大戦に突入していくなか、軍事産業に資金を流す必要があったからとも言われています。

もちろん、目的は国策でも、結果的に個人投資家のメリットになれば何の問題もありません。今、世界中の人々が多大な恩恵を受けているインターネットだって、元をただせば軍事技術の民生化だったのですから。

そして、証券会社を中心とする販売金融機関は、国策のために作られたさまざまなファンドを売ることによって、多額の手数料収入をもたらされたことから、投資信託が自分たちにとって、とても儲かる商品であるということに気付きました。

そうなると、投資信託を販売する証券会社は、次々に自社系列の投資信託会社を設立し、自分たちが手数料を稼ぐためのファンドを、どんどん設定するようになりました。

そして、そのうちに多額の手数料を稼ぐだけでなく、証券会社が自己売買によって損をこうむって売るに売れなくなった株式を、系列投資信託会社が運用しているファンドに入れこむという、とんでもない行為も横行するようになりました。今から十数年前、投資信託のことを、業界関係者は「ゴミ箱」と言っていたものです。

さすがに、今はルールが整備され、自己売買で損をこうむった株を投資信託に付け替えるというような無法行為は行なわれなくなりましたが、それでもファンド＝手数料稼ぎの道具という側面は、色濃く残っています。

結果、目先のブームに乗って個人が買ってくれそうな投資信託ばかりが設定され、ブームが去ると解約が相次ぎ、短命に終わってしまうということが繰り返されてきました。そう、それは**「窓口」で「おすすめを買わされ」**、そのおすすめ商品の旬《しゅん》が終わって、基準価額が下がり始めると**「乗り換えさせられる」**からなのです。販売金融機関は何度も売買してもらったほうが、購入時手数料が入ってくるわけですから、「長期投資」などすすめるはずはないのです。

長期投資できるいい「投資信託」を選べば、誰でも自分の資産が作れる！

しかし、日本では不幸な生い立ちの投資信託でも、基本的な商品自体は、とても優れたものです。

大勢の個人から少しずつ資金を集めて、その資金で世界中のさまざまな資産に分散投資するというしくみは、**個人が長期的な資産形成をするには、非常に適しています。**

日本では「危ない」イメージがつきまといがちな投資信託ですが、投資の先進国である米国では、投資信託といえば「長期投資」です。

たとえば１９３４年に設定された『アメリカン・ファンズ・インベストメント・カンパニー・オブ・アメリカ』（ＩＣＡファンド）という株式ファンドがあります。戦争や不況、金融危機などを乗り越え、**設定以来、なんと79年間で平均利回り（複利）は12・０５％。**最初に**１万円預けていれば、現在は８００８万円になっています。**

この投資信託は、今も資産残高が4・6兆円を超えるメガファンドです。これこそ、長期投資の王道だと思いませんか?

私は1987年に社会に出てから、20年以上、資金運用の仕事に携わり、機関投資家として、さまざまな商品が設計され、販売されているのを見てきました。

日本の投資信託は、今に至るも、なかなか個人の資産形成に貢献できる商品は少ないというのが、私の正直な感想です。

そこで、個人でも大きな資産を作れるような投資信託があれば、という願いのもと、立ち上げたのが、私が今、社長をしている「セゾン投信」です。ここで扱う投資信託は、長期投資向きの特徴を持っており、銀行や証券会社の窓口では一切買えません。ベテランから初心者まで、投資に時間を割きたくない、でも資産は作りたいというニーズに合っていたためか、まだ運用を開始して6年余りですが、この考えに賛同していただける方が多く、資産残高は700億円、口座数も6万に達しました。この口座を開いている大多数の人が、1万円や5000円といった少額で積立を行なっています。

今、日本で「長期投資」で「資産が作れる」投資信託は9本だけ!

前著ではこの先行きが不安な時代に、何とかして資産を作りたいと考えている人たちに対しておすすめできる、本格的な長期投資の投資信託をおすすめしました。

それから2年。この改訂版の執筆に際して、アベノミクス、そして世界的に国債や預貯金から株式など高リスク資産への資金流入が大規模に進むことを意味する「グレート・ローテーション（大転換）」といった相場環境の激変もあり、最新の情報をお届けしたいと思い、この改訂新版を作成しました。今回、投資信託を選ぶスクリーニングの条件を1点変更していますが、それは資金流入の部分です。前回は、「1年以上にわたって毎月資金が純増であること」としていましたが、今回は「1年間の資金流出入が純増であり、それが3年にわたって継続されていること」としました。そのほうが、より長期運用に適しているものを選べるからです。それ以外の条件は、前著と同じです。

そして、この新しいスクリーニングの条件を当てはめたところ、今回は9本の投資信託が浮かんできました。結局のところ、750本も投資信託が増えて、対象は3376本になったものの、資産形成に適した投資信託はたった9本しか残らなかった、ということです。

さらに、今回のスクリーニング条件では、前著にご紹介した投資信託のうち3本が外れてしまいました。外れた理由は、3年間の資金の純流入を維持できなかったということに尽きますが、ひとことでいえば、いい商品、悪い商品など商品内容とは関係なく投資信託のほとんどが銀行の窓口や証券会社の営業マンによる「販売力」に頼って売られているからです。

かつては「推奨ファンド」として積極的に販売していた投資信託でも、別に新しく推奨したい投資信託が出てくれば、簡単に乗り換えられてしまいます。結果、これまで順調に資金を集めていた投資信託から資金が流出してしまうわけです。このへんのカラクリは2章に詳しく書いてありますが、いずれにしても現在、長期投資向けの投資信託としておすすめできるのは、3376本の投資信託中、たったの9本しかないという現実を直視する必要があります。

これだけでも、いかに日本の投資信託業界の現状が、お粗末であるかが分かろうというものです。しかし逆説的に考えれば、たった9本しかないのであれば、そこから選ぶのは非常に簡単であるともいえます。そして、この9本の投資信託のいずれかを積み立てていくだけで、誰でも3000万円が作れるのです。

投資信託という運用商品は、もちろんファンドを設定・運用する投資信託会社が優れたファンドを供給するのが一番大事ではありますが、それとともに、ファンドを購入する皆さんにも、目先の損益や分配金の多少に一喜一憂するような短期売買ではなく、長い目でファンドを保有し、育てていく意識を持つことが求められます。

恐らく、賢い個人の投資家の方は、そろそろこの事実に気付き始めているのだと思います。近年、個人投資家がインデックスファンドを中心にして、ネット経由で販売手数料がかからず、コストが安いファンドに対する関心を高めているのは、まさにその証といえるでしょう。

さらに、このところローコストで、かつ販売金融機関に頼らずに自社ファンドを販売している独立系投資信託会社も誕生し、成績もよいということで注目も集め始めています。そういうファンドが増えてくれれば、日本の投資信託業界も変わるでしょうし、長期で資産を増やしていきたいと考えている皆さんにとっても、確実にプラスになります。

そして、大勢の個人によって支えられた、真に優れたファンドは、社会が発展していくうえで必要な長期資金を供給するパイプ役を担います。皆さんが投資信託を購入する1万円が、未来を大きく変える原動力になるのです。そして、素晴らしい社会を築くことができた果実として、皆さんが購入した投資信託から、リターンがもたらされるのです。

本書は、そういう素晴らしいファンドを見つけるための、いくばくかのヒントを、皆さんに提供できるに違いありません。

中野晴啓

最新版　投資信託は、この9本から選びなさい。　目次

2章 投資信託は「窓口」で買うな！

3章 だまされないために知っておくべき投資信託のしくみ

4章 投資信託はこの9本から選びなさい

5章 「長期投資」にまつわる、みんながいちばん知りたいこと

1章

どうしたら「お金に困らない人生」を手に入れられるのか

賢く投資することで、誰でも「お金に困らない」人生を選べる！

最近は、20代、30代の人たちも、自分の老後を強く意識して、貯蓄に励んでいらっしゃる方が増えてきています。私は長期投資の良さを少しでも多くの方に知っていただくため、日本全国で勉強会や講演会を行っていて、セゾン投信で運用を開始したこの6年間で、場所も北は北海道から、南は九州、沖縄まで足を運びました。

そこに集まってくださる方々とお話ししていると、将来に不安を抱いている人がとても多いように思えます。その原因は、特にお金の問題だったりもします。不景気の最中、いつ自分も仕事を失うか分からない。でも、その備えとしての蓄えも、現状ではほとんどなされていない。定年まで働けたとしても、老後の生活を十分にカバーできるだけの資産も築けていない。結果的に、自分の将来がますます不安になっていくというわけです。

その不安を解消するための手段として、私は「長期投資」を、ぜひおすすめしたいと思います。長期投資のいいところは、なんといってもまとまった資金が必要ないこと。長い時間をかけて、そのお金に働いてもらうイメージです。月々、少しずつ、市場にお金を投資していき、長い時間をかけてそのリターンを得るのです。

リターンは、今の日本の**0.03%**といったような金利をイメージしてはいけません。私は世界経済の成長率に準じて**7%前後は狙える**と思っています。このリターンは非常に大切で、たとえば100万円を30年預けた場合、**金利が0・03%であれば、複利でも30年後の受け取りは税金抜きで、たった100万9039円にしかなりません。しかし、7%のリターンだとすれば30年後には100万円が761万2255円にも育つのです。**

ですから、私が提案したいのは、この「長期投資」を行なうことで、今、貯金がなくても、親が資産家でなくても、自分の力でお金に困らない人生を手に入れませんか、ということです。

世の中には、物凄い大金持ちがいます。それこそ、保有資産額がウン十億円、ウン百億円という人たちですが、これだけのお金持ちになるためには、どうすれば良いと思いますか？

一所懸命に努力する？

確かに、仕事をして一定の評価を得ることができれば、そこそこの収入を得ることはできるでしょう。でも、決して大金持ちになることはできません。

起業をする？

現代社会において、一気に大きな財産を築くためには、起業して、その会社の株式を上場させるのが、恐らく最も手っ取り早い方法だと思います。ただ、それを実現できる人というのは、恐らく数千人、数万人に一人という確率の低さです。

投資で一攫千金？

一時はデイトレーダーがもてはやされたことがありました。なかには、200万円程度の元手を、株式のデイトレードによって200億円くらいまで増やした人もいます。

しかし、その状態を長続きできている人は、これまた非常に少ないのが現実です。実際、2003年から2007年にかけての株価上昇局面で、多くの個人投資家がマスコミなどに登場し、話題になりましたが、サブプライム問題に端を発したリーマンショックによる株価の急落後、「儲かっています！」と胸を張って答えられる個人トレーダーは、ほとんどいませんでした。いつの間にか、どこかに消えてしまったという人も、一人や二人ではありません。今のアベノミクス相場でもしかり。

このように、誰もが羨むような大金持ちになるというのは、非常に難しいことですし、ある程度の努力をすれば、誰にでもなれるというものでもありません。当然、誰にも負けない努力と先見性、運も必要でしょう。つまり再現性がないのです。

でも、がっかりすることはありません。

一攫千金を狙うような物凄い大金持ちを目指すのではなく、**長い時間をかけてお金を大きく育てられれば、結果的に誰もが「お金に困らない」人生を選択できるのです。**

これは、「○○で1億円儲ける！」といったようなギャンブルや投機的な方法と違って、誰にでもできる、再現性の高い方法です。この「お金を育てる」やり方でなら、普通のサラリーマンでも、もっといってしまえば、小さな子供でもできます。

将来の不安や、見通しが立たない状態のなかで、利息もつかない預貯金にお金を預けっぱなしにしていたら、いつまで経ってもお金の不安から逃れることはできません。そのような不安を解消し、人間にとって一番大事な「時間」という資産を最大限に活かすには、長期投資しかありません。

日本人の平均寿命は83歳。定年後でも投資をしたほうが安心できる

何といっても、日本人は長生きです。平均寿命は83歳で世界一位、男女別に見れば女性が86歳、男性が79歳ですから立派な長寿国です。もし男性が平均寿命である79歳まで生きたとすると、65歳で定年になってから14年も生きることになります。女性に至っては21年間です。また寿命は長生きするほど先に延びるもので、**平均余命で考えれば、70歳まで生きた場合、男性で85歳、女性はなんと89歳以上生きると統計にも出ています**（図1－1）。

定年を迎えたところで働くのをやめたとしたら、男性でも15年前後という長い期間、2カ月に一度の割合で振り込まれる年金と、現役時代に貯めてきた貯蓄を取り崩しながら生活していくことになります。

月々のキャッシュフローは公的年金でカバーできるという意見もありますが、すべての人が満足のいく年金額を受け取れるわけではありません。公務員などは一般的に年金が充実してい

ると言われますが、自営業者のように国民年金にしか加入していない人の場合は、受け取れる年金の額もたかが知れています。国民年金基金に加入したとしても、受給できる年金額が大幅に増えるわけではありません。もっと言えば、今はどうにか支給できている厚生年金も、高齢社会の進展で年金財政が厳しくなっていきますから、現在30代、40代の人は、手厚い年金を受給できる保証がどこにもないのです。

かといって、現役時代にどのくらい貯蓄できるでしょうか。公的年金に頼れないということになれば、そのまま働き続けるか、もしくは十分なキャッシュフローがある現役時代に、できるだけ多く貯蓄しておく必要があります。

ただ、それは誰にでも可能とは限りません。現役時代に燃え尽きてしまい、もうこれ以上働きたくないという方もいらっしゃるでしょうし、働きたくてもなかなか再就職先が見つからないという方もいらっしゃると思います。そうなると、やはり現役時代にどのくらい、将来に向けて貯蓄ができたのかということが、定年後の生活水準を大きく左右することになります。

老後のお金のポイントは、貯蓄を取り崩していけば、いつかゼロになるということです。もし、自分が70代後半、80代になったところで貯蓄が底を尽いたら、大変なことになります。そこから働こうと思っても、体力的に厳しいでしょうし、よほどの特殊技術、特殊能力がない限り、雇ってくれるところもないでしょう。

だからこそ、現役時代からの準備が必要になるということですが、ひとつ忘れてはならない

図1-1 平均余命で見ると、今の70歳は男性でも85歳近くまで生きる

年齢	男性の平均余命（年）	何歳まで生きるか？	女性の平均余命（年）	何歳まで生きるか？
35歳	45.47	80.47歳	51.69	86.69歳
40歳	40.69	80.69歳	46.84	86.84歳
45歳	35.98	80.98歳	42.05	87.05歳
50歳	31.39	81.39歳	37.32	87.32歳
55歳	26.95	81.95歳	32.68	87.68 歳
60歳	22.70	82.70歳	28.12	88.12歳
65歳	18.69	83.69歳	23.66	88.66歳
70歳	14.93	84.93歳	19.31	89.31歳
75歳	11.43	86.43歳	15.16	90.16歳
80歳	8.39	88.39歳	11.36	91.36歳
85歳	5.96	90.96歳	8.07	93.07歳
90歳	4.14	94.14歳	5.46	95.46歳

厚生労働省『平成23年簡易生命表』より

視点があります。

それは、**現役を退いた後もお金を運用し続けるという発想です。** まさに、ここに長期投資の真髄があると言っても良いでしょう。

よく、**「定年になったらリスクを極力避け、それまでに作った資産は預貯金などの安定資産で運用するのが理想」と言われますが、これは明らかな間違いだと思います。**

確かに、一昔前であれば、そのような理屈も通ったと思います。高度経済成長期の日本経済は、どんどん右肩上がりで上昇したため、物価も上昇、それにともなって金利水準も上がっていきました。定期預金で年7％程度の利回りを得ることができたので、資産のすべてを預貯金に放り込んでおけば、しっかりと利息がついて、お金が増えていったのです。

でも、これからの時代、それと同じことが通用するとは思えません。日本経済はすでに少子高齢社会に突入しており、人口も２００５年以降は自然減少へと転じました。人口が減少傾向をたどるということは、高い経済成長も期待できないということになります。

経済が成長しなければ、国内における資金需要も高まりませんから、金利は低いままになります。つまり、預貯金ではお金が増えにくいという状態が続く恐れがあります。したがって、預貯金に預けっぱなしにしておくのではなく、自分で優良な投資対象を探し、そこに資金を投じる必要があります。

インフレに打ち勝つためにも「投資」をしておいたほうが安心

他の外部環境を見ても、やはり資産運用が重要になっていくと思います。それは20年後、30年後の日本がどうなっているのかを予想すると、さまざまなリスク要因が浮上する恐れがあるからです。

たとえば公的年金などの各種社会保障が現状を維持できるとは、とても思えません。すでに日本は超高齢社会に突入しています。少子化にも歯止めがかかっていません。このまま何の制度の見直しもせずにいたら、年金財政は一段と厳しい状態に追い込まれていくでしょう。もちろん、医療費負担も今以上に重くなっていくはずです。今後は、より重い社会的負担を強いられることになるはずです。

また、新興国の経済発展にともなって、長い目で見れば、物価に上昇圧力が加わってきますから、世界的にインフレ懸念が強まってくるでしょう。

さらに言えば、「アベノミクス」の影響も無視できません。2012年12月の総選挙で誕生した安倍政権の経済政策の最重要課題は「デフレからの脱却」です。消費者物価指数の2%上昇が実現するまで、金融緩和をはじめとして、あらゆる手段を講じるというのがアベノミクスですから、それが成功すれば、日本の物価は着実に上昇していきます。実際、アベノミクスが稼働しはじめてから、為替は急激に円安となりました。円安というのは、ドルやユーロといっ

図1-2 インフレになると、同じ物なのに値段が高くなる！

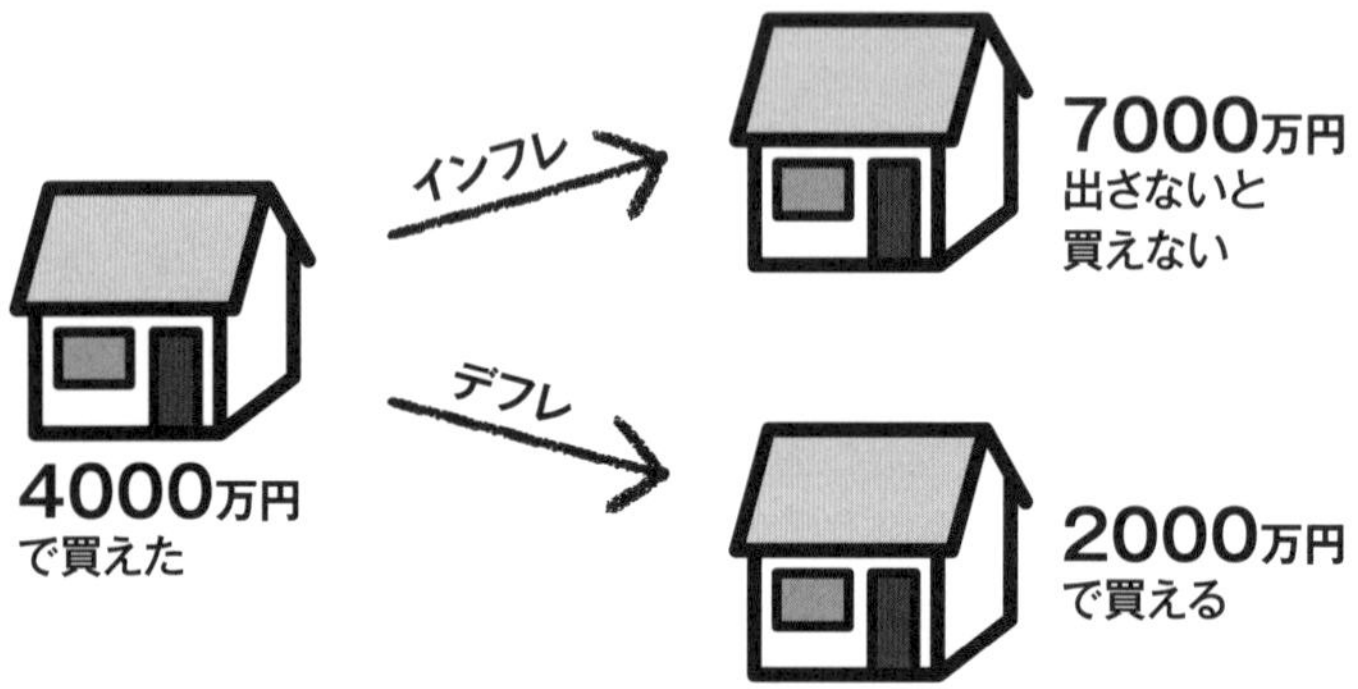

た各国の通貨に対して、円の価値が安くなるということです。円安になれば、海外から輸入される資源・エネルギー、食糧などの円に換算した価格が上昇します。つまり、日本国内では物価上昇圧力が高まっていきます。いずれにしても、アベノミクスによって、インフレが進む可能性が高まってきたのです。

インフレとは、モノの値段が上がっていくことです。モノの値段が上昇すれば、相対的にお金の価値は下がります。今まで100円で買えていたモノの値段が200円になったら、1000円札1枚で買えるモノの数は半減します。それだけお金の価値が下がったということになります。

このリスクを避けるためには、インフレに強い資産を自分の資産の一部に組み入れなければなりません。

図1-3 現金はデフレ時に強い、株や金はインフレ時に強い

インフレに強い	デフレに強い
株 金 不動産　など	現金

現金だけしか持っていないと、
デフレの時はいいが、
インフレ時には資産が減ってしまう

インフレに強い資産というと、株式を筆頭にして、金・不動産なども該当します。急激にインフレが加速する可能性は、今のところそれほど高くはありませんが、全くゼロというわけではありません。インフレによってお金の価値が目減りするリスクを回避するためにも、資産運用が必要になります。

さらに、日本の財政赤字は、世界的に見ても最悪の水準にあります。現状では、日本国債を大量に発行しても、日本国内で十分、資金調達ができているので、日本国債の信用力が悪化する懸念は少ないですが、このままいけば、どこかの段階で必ず限界が訪れます。日本国債の信用力が低下し、円が売り込まれる状態、つまり円安になったら、海外から輸入されているモノの円に換算した価格は値上がりします。これもインフレ懸念になります。

こうした社会保障費の負担増、あるいは新興国の経済発展や円安といった外部要因によるインフレ懸念などのリスクが、近い将来襲いかかってくる可能性があります。それを考えると、預貯金だけで資産運用をするのは、むしろリスクを高める結果になりかねません。やはり、国内外のさまざまな資産に分散投資することによって、こうしたリスクを軽減させる必要があります。

50歳、60歳になったら、リスク資産での運用比率をゼロにして、預貯金で安定運用するというのは、もはや過去の常識といっても良いでしょう。これからは一生、資産運用するつもりで、長期投資が可能なポートフォリオを考えていく必要があるのです。

そして、運用さえ続けておけば、ある時点から公的年金の受給金額が減少したとしても、さほど心配する必要はありません。それまでの運用益によって、公的年金の目減り分を、十分にカバーすることができるからです。

このように、長生きしていくうえでは、お金が大切になってきます。その大切なお金をどうやって運用するべきか。それを今、改めて真剣に考えていく必要性が高まってきています。

簡単、楽ちん、みんなが笑顔になる長期投資のすすめ

長期投資のイメージを簡単に言うと、「実体経済にお金を働きに出す」ということになると思います。

実体経済とは、私たちの日常生活そのものと言っても過言ではありません。朝起きて、顔を洗う。テレビをつける。新聞を読む。スーツに着替えて会社に出かける。これらすべての行動は、経済活動そのものといっても良いでしょう。顔を洗えば水道料金が発生しますし、テレビは電気代、新聞料金だって、毎月払っているでしょう。もちろん、会社に着ていくスーツは自分で買ったものでしょうし、会社に行くまでの交通機関に乗るにもお金がかかります。

つまり、人間にとっては息をすること以外、ほとんどの物事が経済活動と切っても切れない関係にあるのです。いや、息をすること以外は、皆、経済活動そのものといっても良いかもしれません。

したがって、日本経済という場合は、日本に住んでいる人、一人一人が日常生活を送るうえで行なっている、さまざまな経済活動が、1億2800万人分集積したものということになります。世界経済という規模で言えば、約70億人の人々が行なっている経済活動の集積です。そのなかにお金を投入することによって、少しでも皆に豊かになってもらい、少しずつ笑顔が増え、喜びが高まっていく。そういうことに対して、自分のお金を働きに出すというのが、本物の投資です。

ただし「本物の投資」という場合には、時間がとても重要な意味を持ってきます。実体経済にお金を働きに出すといっても、働く時間が3日間、あるいは1週間というのでは、なかなかそこで生活している人たちの笑顔を作ることはできません。かなり長い時間をかけて、しっかり地道に働いてもらうことが大切です。こうして初めて、大勢の人を笑顔にすることができるのです。

よく考えてみてください。たとえば、あなたが直接投資、または投資信託などを通じて、提供した1万円が、アップル社の株式を買う原資になったとしましょう。その1万円は、アップル社が、iPhoneなどの新製品を開発するための開発費の一部になるかもしれません。

もし、そうだとしたら、短い期間で資金を引き揚げられてしまったら、困るのはアップル社側になります。新製品や新技術を開発するためには、それこそ10年単位の時間が必要ですから、それを黙って待っていてくれるようなお金でないと、満足に技術開発ができなくなってしまうのです。

その代わり、技術開発が成功したら、それが新製品として世に出て、多くの消費者から受け入れられ、アップル社には大きな売上が入ってきます。その売上の一部が、1万円を出した投資家の利益につながっていくのです。

すると、アップル社は新しい技術が開発できるとともに、新製品を世に出して売上増になりますから、当然のことながら大喜びになります。アップル社が出した新製品を購入したユーザーも、新しい技術によって高い利便性を享受できるので大喜びでしょう。そして、最後にアップル社に出資した投資家も、売上増による利益の一部が還元されるから、やはり大喜びになります。結局、この話で言うと、誰も損をしておらず、皆が少しずつ利益の恩恵にあずかる

図1-4 投資をすることで、みんなが笑顔になる！

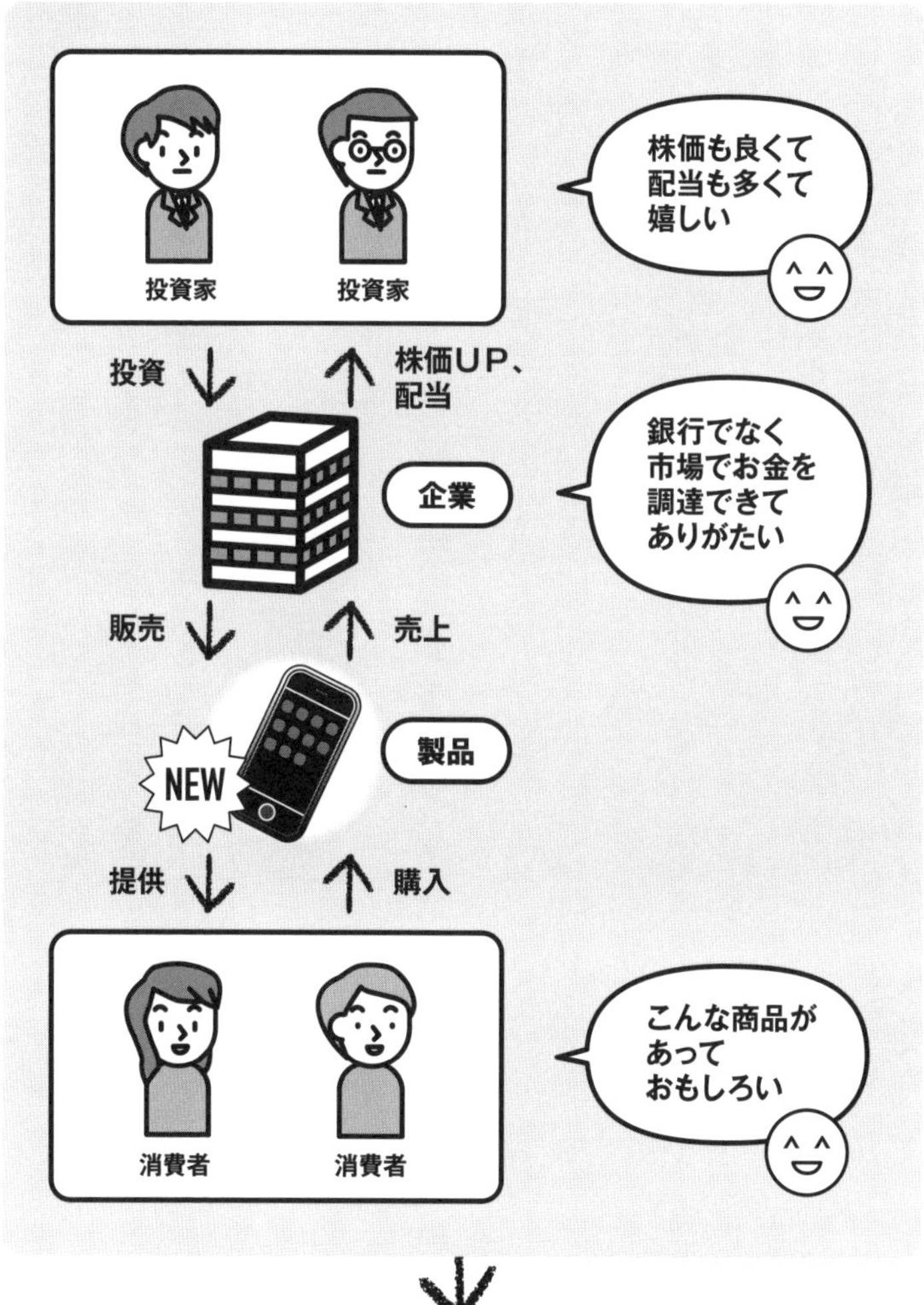

お金が回ることで、みんなの笑顔を生み出せる！

ことになるわけです。

具体的にいえば、株式は、企業が決算を行なって利益が得られている場合、その利益の一部を配当金という形で受け取れるだけでなく、企業業績が順調に伸びていけば、それにともなって株式価値も上がっていきます。自分が提供した資金で、企業も大きくなり、自分も利益を受け取り、さらに世の中に便利なものや、おいしいものが生まれる……皆の笑顔を生み出すことができる、これが投資の王道だと思います。

世界の人口が増え、経済成長する限り、長期投資は負けない

世の中には、「むしろ長期投資のほうが危険だ」という人がいます。その根拠は、「今のように変化の激しい時代に、20年後、30年後がどうなっているのかなど、誰にも分からない」ということです。

そういう方に、日本経済は過去30年間で12倍に成長したということを話して、長期投資の有効性を説明しても、「でも、それはあくまでも過去の話。将来がどうなるのかなんて、誰にも分からない」という言葉で否定してくるのです。

それはそれでいいでしょう。長期投資というものは、確かに世界経済が今後も成長を維持できるという前提が信じられなければ、できるものではありません。**したがって、世界経済が今**

後も成長を続けるということを信じられない人は、長期投資には不向きです。

では、世界経済は今後も成長を続けるのでしょうか。

私が今、投資信託会社の社長としてファンドを設定・運用するとともに、多くの個人投資家に長期投資の啓蒙活動を行なっていることからも、お分かりいただけると思いますが、私自身は、まだまだ世界経済は、長期的に成長を続けるものであることを、信じて疑っていません。

米国や欧州、日本などの先進国を中心に見ると、確かに昔に比べれば経済成長率は落ちています。特に日本などは、少子高齢社会に突入して人口が自然減になっていますから、経済成長率が低下するのは、やむを得ないことでしょう。

日本だけに投資をしているのだとしたら、長期投資をしたとしても、なかなか資産は大きく増えていかないかもしれません。

でも、**これからの資産運用は世界が舞台**になります。世界に目を向ければ、まだまだ成長余地のある国はたくさんあります。中国もそうですし、今はインドの経済成長が注目を集めています。さらに、メコン流域のカンボジアやベトナム、ラオス、ミャンマーといった国々も、これからの成長が期待されていますし、さらに遠い国にも目を向けると、アフリカ大陸の国々など、これからの経済成長の行方が注目されています。

その他、ブラジルなどの中南米諸国、ロシアを始めとする東欧諸国など、これから成長段階に入っていこうという国は、まだまだたくさんあります。つまり、世界経済の成長が完全な頭

図1-5 世界の人口は増え続けている！

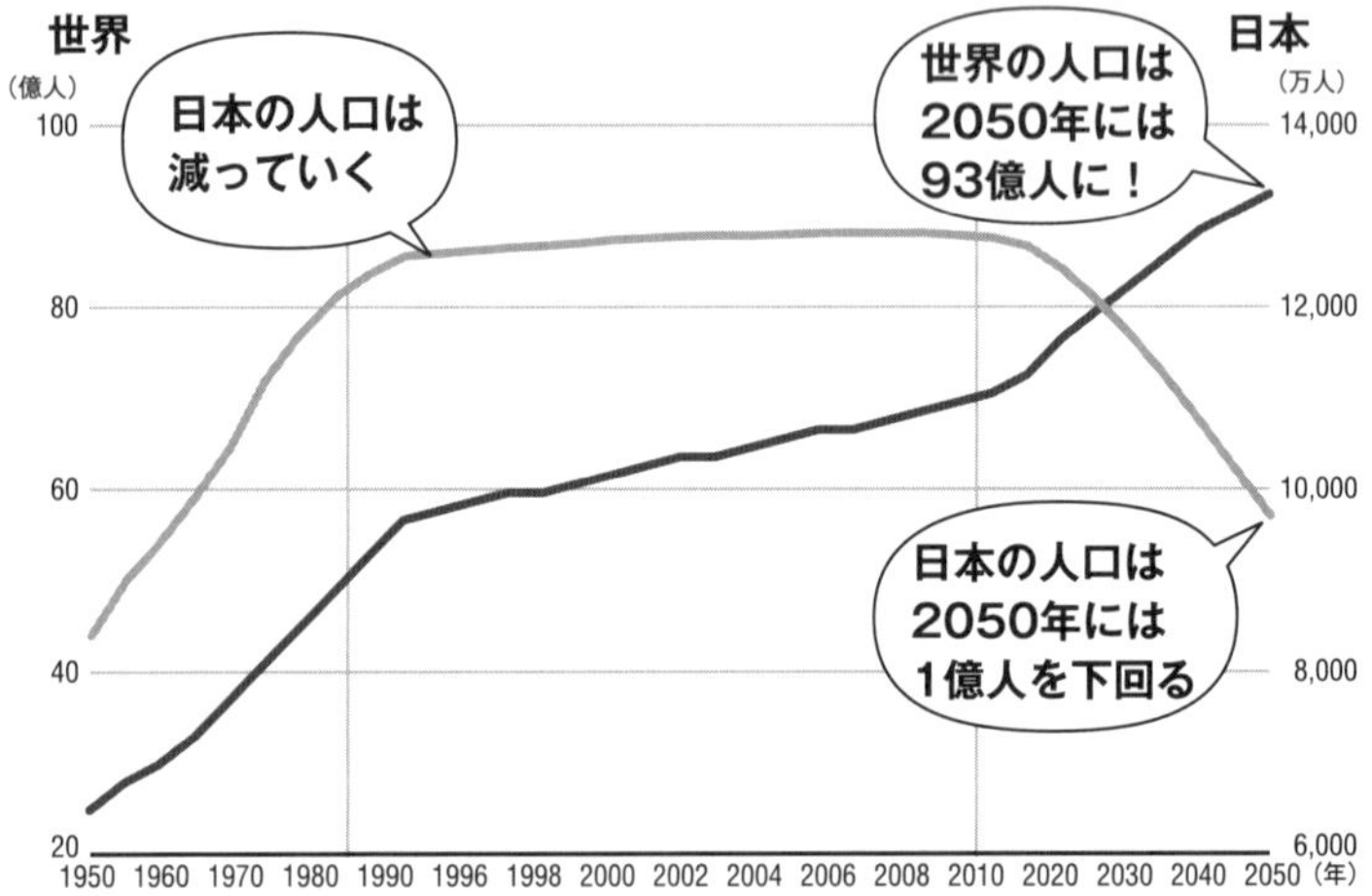

総務省統計局『世界の統計2013』より

打ちになるのは、まだ相当先の話なのです。

人口の面からも、長期投資の有効性は説明できます。日本の人口は確かに減少傾向ですが、世界全体で見れば、まだまだ人口は増加傾向をたどっています。２０１１年時点の世界人口は約70億人。総務省の資料によると、これが２０５０年には93億人に増えると予測されています（図１-５）。

人口が増え続ける限り、経済は成長を続けます。というのも、人間は欲望を持った生き物だからです。欲望がある限り、少しでも良い服を着たいし、おいしいものを食べたいと思うし、要は少しでも良い生活を送りたいと考えます。これが経済成長の推進エンジンになるのです。

このように、人口増加も含めて考えると、世界経済の成長が、そう簡単に止まるなどということは、とても考えにくいのです。そして、今後も当面、世界経済の成長が続くのだとしたら、その成長の波にお金を乗せておけば、それだけで資産はどんどん増えていくはずです。これが長期投資の妙味でもあるのです。

「長期投資は危ない」などという人は、非常に近視眼的な経済、マーケットの動きしか見ていない人です。もちろん、デイトレードを専門に行なうのであれば、長期投資は危ないと感じるのも、分からないわけではありません。

でも、長期投資を専門に行なっている私から言わせれば、長期投資ほど確実で、楽な投資方法はない、ということになります。何しろ、個別銘柄のデイトレードのように、必死になって銘柄を発掘する必要は、どこにもありません。チャートとにらめっこする必要もないのです。

大事なことは、世界経済の未来をどこまで強く信じられるかという気持ちです。そして、長期投資に合った金融商品で運用すること。その2点にさえ注意すれば、誰でも長期投資で資産形成をすることが可能になるのです。

全世界への投資は、リーマンショックを経てもこの17年、6％のリターンになっている！

では、全世界の長期投資を考えたとして、それは一体どのくらいのリターンを予想すればいいのでしょうか？

こちらにとても興味深い資料があります。１９９６年から２０１２年までの17年間の、『資産クラス別、運用実績ランキング（1996〜2012年）』です。資産によってかなりバラつきがあるのが見て取れるでしょうか。（図表1-6、42・43ページ）

この表中のランキングを見ると、2つのことに気付かされます。

ひとつは、値上がり率のトップは常に変動しているということです。

たとえば、1999年のランキングを見ると、日本株式が1年間で60％の上昇率でトップになりました。そこで2000年も日本株式の保有比率を高めにして運用すると、今度は25％のマイナスでワーストになってしまいます。あまりにもアップダウンが激しく、これでは安定した運用ができません。

その一方で、分散（投資）ポートフォリオを見るとどうでしょうか。

1996年から2012年までの推移を見ると、9つある資産クラスのうち、分散（分散ポートフォリオ）のランキングは、ほぼ4位から6位をキープしています。2010年はあまり運用実績が振るわずに7位となっていますが、ここまでランキングが低下したのは、過去17年間では初めてです。つまり、分散ポートフォリオは、他の資産クラスに比べても、非常に安定性が高いといえるのです。

常に高い運用リターンを狙うのであれば、常に毎年、最も高いリターンが期待できるものを予測し、その資産クラスに資金を投入する必要があります。なかには、うまく予想が当たり、大きなリターンが実現することもあるでしょう。しかし、逆に全く予想が外れてしまうこともあります。1999年から2000年にかけての日本株式がそうであったように、最も高い値上がり率を実現した翌年に、最も大きく値下がりしてしまうというケースも、十分に考えられます。

しかし、**分散ポートフォリオに投資をしているのであれば、それを保有しているだけで、他の資産クラスのなかで、常にほどほどのリターンを実現できます。**

しかも、あらゆる資産に分散されているというのは、どんな資産が上がろうが下がろうが、「新興国を買っていればよかった」「日本株を買っておけばよかった」「債券にしておけば、損失はあまりなかったのに」などという後悔をしなくて済むのです。

専業トレーダーではなくても、分散ポートフォリオによる運用であれば、、売り買いのタイミングに悩んだり、銘柄選びに苦労したりすることもなく、それなりのリターンを実現させることが可能となるのです。

これから資産形成をする人はもちろんのこと、たとえば日本株式ばかり、または毎月分配型投信を通じて外国債券ばかりを保有しているような中高年齢層の人たちにとっても、分散ポートフォリオの投資商品を、自分の資産ポートフォリオに組み入れておくというのは、保有資産の安定性と分散投資効果を高めるうえで有効なのです。

※分散＝分散ポートフォリオのことで、他の８つの
資産すべてに均等に投資したもの

2004年	2005年	2006年	2007年	2008年	2009年	2010年	2011年	2012年
グローバルREIT	新興国株式	グローバルREIT	新興国株式	日本債券	新興国株式	グローバルREIT	日本債券	グローバルREIT
28%	55%	40%	31%	3%	84%	7%	2%	39%
新興国株式	日本株式	新興国株式	新興国債券	外国債券	外国株式	新興国株式	外国債券	新興国株式
20%	45%	34%	11%	-15%	38%	4%	0%	33%
新興国債券	コモディティ	外国株式	コモディティ	新興国債券	グローバルREIT	日本債券	グローバルREIT	外国株式
18%	40%	24%	9%	-23%	37%	2%	-3%	32%
分散ポートフォリオ	分散ポートフォリオ	新興国債券	外国債券	分散ポートフォリオ	分散ポートフォリオ	コモディティ	新興国債券	新興国債券
13%	28%	16%	5%	-39%	27%	2%	-7%	31%
日本株式	グローバルREIT	分散ポートフォリオ	外国株式	日本株式	新興国債券	日本株式	外国株式	分散ポートフォリオ
11%	27%	16%	4%	-41%	25%	1%	-9%	24%
外国株式	外国株式	外国債券	分散ポートフォリオ	コモディティ	コモディティ	新興国債券	分散ポートフォリオ	日本株式
10%	25%	10%	4%	-48%	22%	1%	-9%	21%
外国債券	新興国債券	コモディティ	日本債券	外国株式	日本株式	分散ポートフォリオ	日本株式	外国債券
7%	22%	3%	3%	-53%	8%	1%	-17%	20%
コモディティ	外国債券	日本株式	日本株式	グローバルREIT	外国債券	外国株式	コモディティ	コモディティ
4%	10%	3%	-11%	-56%	7%	-2%	-18%	11%
日本債券	日本債券	日本債券	グローバルREIT	新興国株式	日本債券	外国債券	新興国株式	日本債券
1%	1%	0%	-17%	-62%	1%	-13%	-22%	2%

17年の平均リターン（幾何平均、年率換算）

新興国債券	グローバルREIT	新興国株式	外国株式	分散ポートフォリオ	外国債券	コモディティ	日本債券	日本株式
11%	9%	7%	6%	6%	5%	4%	2%	-2%

図1-6 投資クラス別、運用ランキング(1996~2012年)

順位	1996年	1997年	1998年	1999年	2000年	2001年	2002年	2003年
第1位	新興国債券	外国株式	外国株式	日本株式	コモディティ	グローバルREIT	コモディティ	新興国株式
	55%	40%	11%	60%	47%	30%	14%	41%
第2位	グローバルREIT	グローバルREIT	日本債券	新興国株式	グローバルREIT	新興国債券	外国債券	グローバルREIT
	46%	27%	0%	51%	38%	26%	10%	25%
第3位	コモディティ	新興国債券	外国債券	コモディティ	新興国債券	外国債券	日本債券	日本株式
	39%	24%	0%	13%	26%	18%	3%	25%
第4位	外国株式	外国債券	日本株式	分散ポートフォリオ	外国債券	新興国株式	新興国債券	外国株式
	38%	14%	-7%	12%	18%	12%	3%	21%
第5位	分散ポートフォリオ	分散ポートフォリオ	分散ポートフォリオ	外国株式	分散ポートフォリオ	分散ポートフォリオ	グローバルREIT	分散ポートフォリオ
	26%	12%	-14%	10%	8%	7%	-2%	17%
第6位	外国債券	コモディティ	新興国債券	新興国債券	日本債券	日本債券	分散ポートフォリオ	コモディティ
	20%	8%	-20%	8%	2%	3%	-4%	12%
第7位	新興国株式	日本債券	グローバルREIT	日本債券	外国株式	外国株式	新興国株式	外国債券
	19%	6%	-22%	5%	0%	-3%	-15%	6%
第8位	日本債券	新興国株式	新興国株式	グローバルREIT	新興国株式	コモディティ	日本株式	新興国債券
	5%	-1%	-35%	-14%	-23%	-8%	-17%	6%
第9位	日本株式	日本株式	コモディティ	外国債券	日本株式	日本株式	外国株式	日本債券
	-6%	-19%	-37%	-18%	-25%	-19%	-28%	-1%

※日本株式：配当込みTOPIX／外国株式：MSCIコクサイ／新興国株式：MSCIエマージング／
日本債券：野村BPI総合／外国債券：Citigroup世界国債（除く日本）／
新興国債券：JPモルガンGBI-EM Global Diversified
(2002年12月以前はJPモルガンEMBI Global Diversified)
グローバルREIT：S&P先進国REIT／コモディティ：DJ UBSコモディティ／
データはすべて円建てで、配当・利息等は再投資し手数料等費用は一切控除していません。
Copyright ©2013 Ibbotson Associates Japan, Inc.

投資信託を利用して、少額から簡単に全世界へ投資する

大分前置きが長くなってしまいましたが、**結論を言えば、経済的に安心できる人生を送るために、分散投資、つまり長期投資に向いた投資信託を少しずつ買いましょう**ということです。

別に、私が投資信託会社の社長をやっているから、そのようなことを言っているわけではありません。

実は私自身、過去においてさまざまな運用を行なってきました。それはもちろん、運用会社の社員として携わってきた運用もありますし、自分自身のお金を少しでもふやそうと思って行なってきた投資もあります。ときには、新興市場の株式ばかりに集中投資してきたこともありますし、レバレッジを高めて短期トレードを繰り返してきたこともあります。

ただ、こうして20年近くいろいろな方法を試したうえで、今、思うのは、やはり長期の分散投資に勝るものはない、ということです。

では、何を対象に長期投資をすれば良いのか、ということですが、投資の王道は株式です。しかし、株式投資の問題点は、一体、何を買えば良いのかという銘柄選択が難しいということです。

たとえば「ＪＡＬ（日本航空）が好きだから……」と言ってＪＡＬばかりを買い続けた挙句、上場廃止となってしまい持っていた株式がすべて紙切れになってしまったという人が大勢

いました。逆に、マイクロソフトが好きだということでひたすらマイクロソフト株を持ち続け、結果的に大金持ちになった人もいます。日本でいえば、イトーヨーカドーから出向した社員たちが、セブン-イレブンの株を持ち株会で買っていてセブン-イレブンの成長とともに、すごい財産を築いた、というのがいい例でしょう。このように個別銘柄への集中投資を行なうと、結果的に大きく儲かることもあれば、財産を減らしてしまうこともあります。これでは、ハラハラドキドキが勝ってしまい、長く続けることはできません。

だからこそ「分散投資」が重要な意味を持ってきます。あらかじめ複数の銘柄に投資しておけば、一部が紙切れになったとしても、自分の財産を減らしてしまうようなことにはなりません。長期投資で成功するためには、やはり数多くの銘柄に分散させることが大切なのです。

そして、この分散投資が手軽にできるのが投資信託なのです。

ただし、投資信託というのは一種の器です。

この器に何を入れるのかによって、さまざまなリスク・リターン特性を持った、いろいろな投資信託が組み立てられます。

たとえば、日本国内の債券だけを組み入れれば、元本割れリスクの極めて低い、ＭＭＦのようなファンドができ上がりますし、インドなどの新興国の株式だけを組み入れれば、元本割れリスクは高いけれども、非常に高いリターンが期待できる株式投資信託ができ上がります。あるいは、世界中の株式や債券などに分散投資することによって、ミドルリスク・ミドルリターン型の投資信託を組み立てることも可能です。

ですから、個人投資家の皆さんには、**長期投資をするなら、世界の株や債券へ分散投資をしている投資信託を選んで購入して欲しい**のです。

なぜ、個人の資産作りに投資信託が向いているのか

さて、個人の資産運用に投資信託が適していると思う理由は、簡単に分散投資ができること以外にもいろいろあります。
第一に、1万円程度の少額で分散投資ができます。たとえば世界中の株式や債券に直接、投資したいと思ったとしましょう。その場合、数十億円、数百億円の資金が必要になりますし、300銘柄や500銘柄など、すべての業績をチェックして買っていくというのは、実際問題不可能です。
それが**「世界中の株に投資する」**とか**「世界中の株と債券に投資する」投資信託を購入**すれば、それこそ1万円程度の少額でも簡単に分散投資ができるのです。これが投資信託のいちばんのメリットだと思います。
そして**第二のメリットは、専門家が運用してくれる**ということです。これは、専門家が運用するから、個人が運用するよりも必ず高いリターンが実現するという意味ではありません。専

門家がきちっと投資家の資産を管理してくれるということです。

個人が、世界中のさまざまな資産に分散投資をして、さらに買った後も常に動向を見ていたり、管理するというのは、非常に面倒で手間がかかるので、個人が仕事をしながら、というわけにはいきません。その部分を、投資信託会社のファンドマネジャーに代行してもらうのです。しかも、自分で個別銘柄を発掘し、投資するためのお金の配分比率を決めるといった手間からも解放されます。つまり、一度しくみ化してしまえば**「ほったらかし」でよいのです。**

もちろん、なかにはすべて自分で決めて投資をしたいという方もいらっしゃると思います。そういう方は、もちろん自分で銘柄を選んだり、資金の配分比率を決めたりして、自分だけの分散投資パッケージを作っていけばよいでしょう。

でも、恐らく多くの人にとって、それは負担以外の何物でもないはずです。昼間、仕事で疲れているのに、夜、家に帰ってからのプライベートタイムや、休日の時間を、資産運用の勉強に費やしたくはないと思っていらっしゃる方が大半ではないでしょうか。

そう、**資産運用は実は面倒くさいもの**なのです。

だからこそ、面倒くさいものはプロに任せて、おいしいところだけを取れば良いというのが、本書の基本的な主張でもあります。

月々3万円の積立で、誰でも3000万円が作れる簡単な方法

そして、**第三のメリットは「少額から、積立で買える」**というところです。

投資というと、ある程度のお金がなければできないものと思っていませんか？

実際、いろいろな方と話をすると、最低でも100万円程度の資金がないと、投資はできないと思っていらっしゃる方が結構います。

でも、それは誤解です。

投資信託は今や、1万円程度から購入でき、自分の給与振り込みの銀行口座から、自動引き落としで毎月決まった日に積立できる商品もあります。つまり、銀行で積立預金をするのと同じ手軽さで、投資ができるのです。

最近は、投資信託を取り扱っている金融機関も、投資信託の積立についてはかなり小口化を進めてきました。なかには、月500円の1コインから積立ができるところもあります。とはいえ、月500円で積立を続けたとしても、30年間で元本部分は18万円にしかなりませんから、投資効果もたかが知れています。少額での積立が可能だとしても、やはり老後の生活資金や、子供の教育費などの準備を前提にするのであれば、ある程度の額で積み立てていく必要があります。

では、実際にどのくらいの金額を積み立てていけば、まとまった金額になるのでしょうか。

私は世界経済の成長率に準じると、実は**7％前後は狙えると思っています。**年利7％。これを複利で運用していくと個人が資産を作るのに非常に大きい力になります。複利でというのは、具体的にいえば、1年間の運用で得られた収益を再投資していくということです。

再投資というのは、一定期間の運用で得られた収益を元本に加え、さらに翌年の運用を行なっていきます。運用期間を経るごとに、どんどん元本部分がかさ上げされていくため、同じ7％で運用し続けたとしても、その再投資効果によって元利合計金額はより大きくなります。

これが再投資による効果です。再投資効果は、運用期間を長期にすればするほど高まります。個人が大きな資産を作るにはこの長期の時間を味方につければいいのです。

たとえば月々3万円を積み立てて、それを7％で運用したとしましょう。積立合計額は20年で720万円ですが、運用すれば1531万円、約1500万円になります。

45歳の人が今から積立を始めても、65歳の定年時には1500万円の年金資金が手に入るということになります。

さらに長期になれば、ますます複利の効果が発揮されます。3万円を30年積み立てれば3528万円、40年で元金1440万円がなんと約7457万円になります。5000万円超えれば、毎月積立しなくても、7％の運用で毎年350万円もリターンがあります。月にならせば、毎月30万円近く使えるというわけですから、老後も安心ではないでしょうか。

また、子供が生まれた家庭であれば、子供のために月々1万円の投資はどうでしょうか。これも7％で運用すれば子供が成人するときには元金240万円が500万円を超える計算になります。3万円ずつ積み立てられれば1500万円です。教育資金として使うにせよ、子供の将来に使うにせよ、きっと親に感謝するに違いありません（詳しい数字は巻末付録のシートをご覧ください）。

利回り7％というのは、現在の金利水準を考えると信じられない、と思うかもしれませんが、プロローグでご紹介した米国の投資信託ICAファンドは、79年間の平均利回りが12・05％です。

この7％というのは、何もあり得ない数字ではないのです。

では、ここまで読み進めてこられて、「じゃあ、投資信託を買ってみよう」という気持ちになったあなた。問題はここからどういうアクションを起こすのか、ということです。

そこで間違ってもやってはいけないのは、金融機関の窓口に行って「投資信託を買いたいのですが、どれを買えばいいのですか？」と質問することです。この質問をした途端、販売金融機関は「いいカモが来た」と思い、自分たちが今、販売したい、より多くの手数料が取れるファンドをすすめてくるに違いありません。

それがイヤならば自分でどんな投資信託がいいか決める必要があるのです。

2章では、投資信託を買うのに金融機関の窓口へ行ってはいけない理由を説明します。

図1-7 複利は長期間だとすごい効果に！

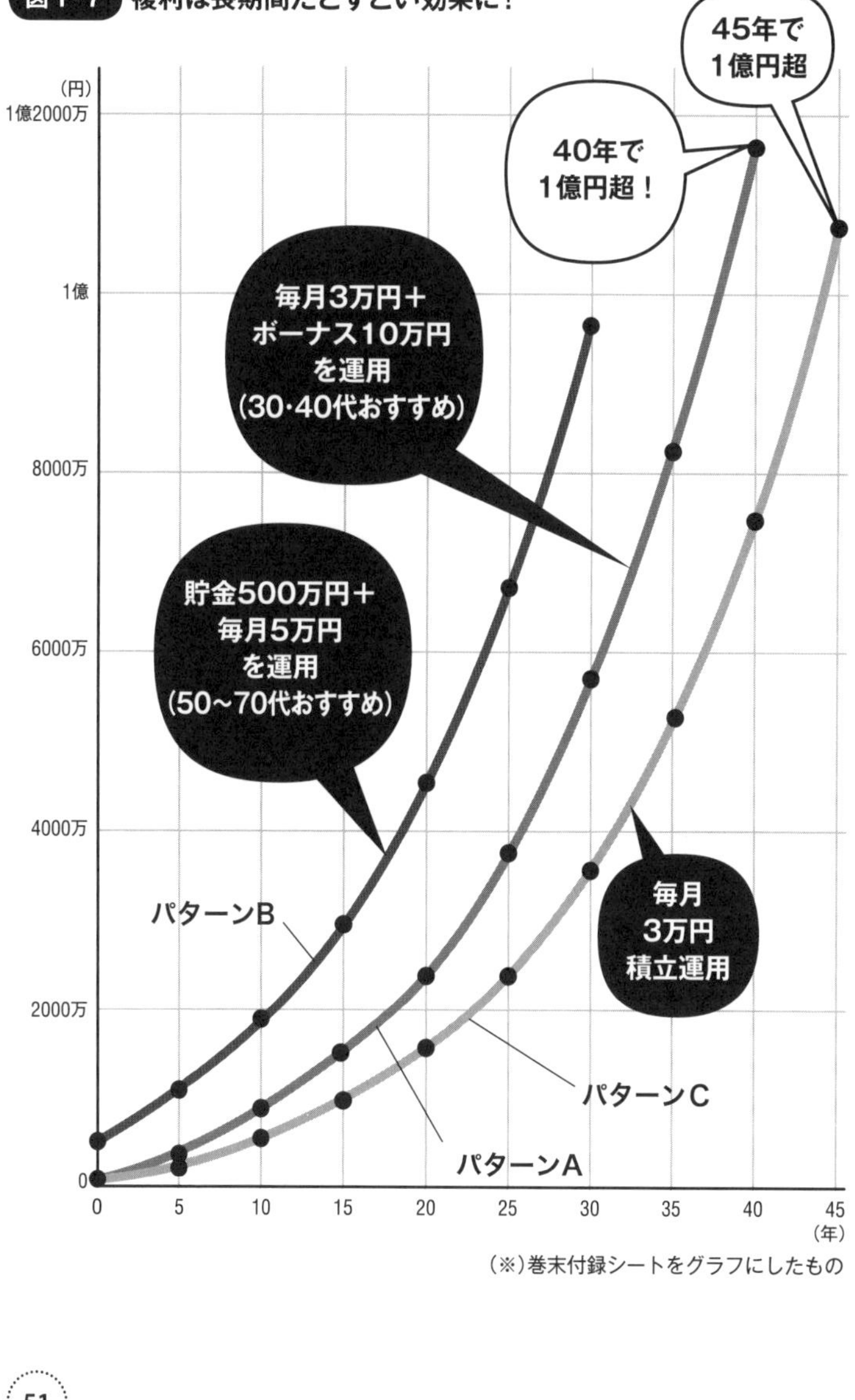

（※）巻末付録シートをグラフにしたもの

2章

投資信託は「窓口」で買うな!

なぜ金融機関の「おすすめ」を買うと、お金が減るのか

さて、いよいよ投資信託を買ってみましょう。まず、皆さんは、どういうアクションを起こそうとするでしょうか。

恐らく、「とりあえず金融機関に行ってみる」という方が大半だと思います。誰でも、給与振り込みなどで銀行に口座を持っていますから、まずは自分がよく利用している銀行の窓口に行こうとするのではないでしょうか。

前述したように、投資信託はさまざまな金融機関が扱っています。かつては証券会社だけしか扱っていませんでしたが、今では銀行が投資信託販売の主流になり、それ以外にも保険会社、ゆうちょ銀行などが、窓口を通じて投資信託を販売しています。

投資信託を買おうという気にはなったものの、よくよく考えてみれば、投資信託がどういうものかすら知らない。だから、いつも利用している銀行の窓口に行って相談してみようと考えるのは、自然な流れです。

でも、そこに大きな罠が潜んでいます。

投資信託を買うのに、金融機関の窓口で相談をしてはいけない。私は本当にそう思います。

もしあなたが、たとえば銀行の窓口に行って、「実は投資信託を買おうと思っているんだけれども、何かおすすめってありますか?」と質問したとしましょう。

図2-1 投資信託を買うときに、こんなセリフを言ってはいけない！

どういうものが
人気ですか？
おすすめは
なんですか？
よく分からない
のですが…
すべて、販売会社の
カモになる！

投資信託に限らず、自動車でも家電製品でも、購入する際は販売のプロの意見を参考にするということは、よくある話なのですが、**ことに投資信託に関していえば、販売のプロの意見を聞いてはいけません。**

なぜなら、まさに彼らは販売のプロであり、運用のプロではないからです。つまり、より多くの手数料が取れる商品を、彼らは好んで販売する傾向が顕著に見られますし、運用のプロではありませんから、**あなたの資産運用にとって有利な商品をすすめてくるとは限らないのです。**そして、金融機関の販売担当者がどうしても今、ノルマとして売らなければならないファンドのパンフレットをずらっと並べ、「お客様なら、このファンドが良いのではありませんか？」などとすすめてきます。

「何かおすすめは？」などと、まるで寿司屋のカウンターで注文を出すようなことをすると消化不良を起こしそうなものが出てくる可能性が高いでしょう。

では、そうならないようにするには、どうすれば良いのでしょうか。それは、自分自身で、どういう投資信託が欲しいのか、ということをしっかりと見定め、**できれば購入したい投資信託も決めたうえで、それを販売している金融機関を探して、購入手続きを取ることです。**

投資信託というのは、何を組み入れて運用するのかによって、リスク・リターンの特性が大きく変わってきます。日本株、米国株、欧州株、さらに新興国の株……。株だけではありません。いろいろな地域の債券、金やコモディティなど、ありとあらゆる投資対象を組み入れることができます。ですから、中身を知らずに、自分に合わないものを購入して、結果的に手数料だけ取られてソンしてしまう……ということが起きてしまうのです。

前述したように、日本国内で設定・運用されて個人が買える投資信託の本数は、3376本もあります。当然、このすべてを買うというわけにはいきませんし、手始めに1本、何かを買ってみようという人が大半でしょう。3376本もある中から、自分に合った1本を選ぶというのは、それはそれで大変な作業です。

でも、ご安心ください。実はそれらの多くが**資産作りには向いていない投資信託**です。

まずは、ダメな投資信託を次々に買わされて資産が減ってしまわないように投資信託、というものを分かりやすく説明していきたいと思います。

窓口販売には、良いものではなく「売りやすいもの」が並んでしまう

投資信託は非常に不幸な歴史の中で育ってきました。販売会社が「売りやすいもの」を、運用会社が作る、という顧客を顧《かえり》みないやり方でずっと販売されていたからです。

現在、日本国内で設定・運用されている投資信託は、投資信託会社（運用会社）、受託銀行、販売金融機関という三者によって、運営されています。

投資家は販売金融機関を通じて、投資信託を購入します。販売金融機関には、証券会社や銀行、ゆうちょ銀行、保険会社などがあります。投資信託の購入代金、解約資金、分配金の授受なども、この販売金融機関の窓口を通じて行なわれます。

投資信託会社は、投資信託の運用を行なう会社です。投資信託会社にいるファンドマネジャーが、投資信託に組み入れる銘柄を選択して、どの銘柄を組み入れるのか、どの銘柄をはずすのかという指図を、受託銀行に出します。

受託銀行は、投資信託に組み入れられている株式や債券など、言うなれば投資信託を購入した投資家の資産を管理している銀行のことで、信託銀行が受託銀行となって、その業務を行なっています。そして、投資信託会社からの指図にそって、投資信託に組み入れた銘柄の売買を行ないます。

また、最近は「直販ファンド」といって、運用を行なう投資信託会社が直接、投資家に投資信託を販売する直接販売という形態の投資信託もあります。直接販売の投資信託を購入する場合は、投資信託会社に口座を作ることになります。

日本国内には70社を超える投資信託会社があり、３３００本を超える投資信託が設定・運用されています。当然のことですが、販売金融機関はそのすべての投資信託を取り扱っているわけではありません。たとえば、A証券会社の窓口を通じて購入できる投資信託というのは、３３００本以上ある投資信託のなかの、ごく一部になります。

ですから「あの投資信託を買おう！」と、買いたい投資信託が決まったら、まずはそれを売っているお店、販売会社を探さないといけないのです。そして、ここからが問題なのですが、**今の日本では、得てして販売側が売りやすいものばかりが店頭に並んで「おすすめ」**されてしまうのです。

販売をする窓口では、投資信託を買ってもらうと、**その度に購入時手数料が入ってきます。**ですから、できるだけ、何度も売買してもらいたいと思っているはずです。販売をする側から言えば、投資信託を買って保有し続ける「長期投資」というものは、恐らく眼中にないのです。たいてい短期間に売ったり買ったりしてもらえるような、短期投資向きの投資信託を売りたいのです。

図2-2 投信のしくみ

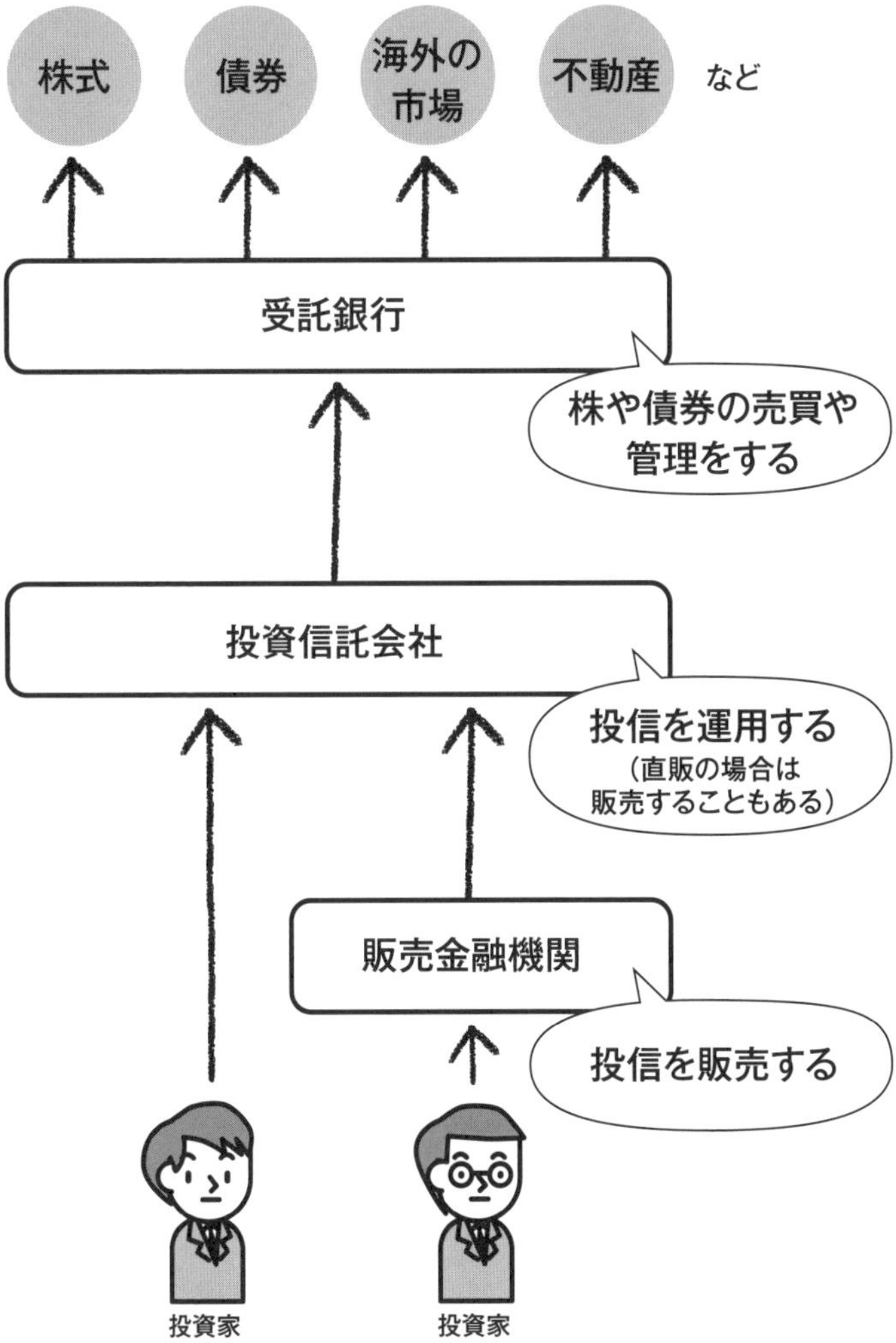
株式
債券
海外の市場
不動産
など
受託銀行
株や債券の売買や管理をする
投資信託会社
投信を運用する（直販の場合は販売することもある）
販売金融機関
投信を販売する
投資家
投資家

米国の投信は運用79年超、平均リターン12・05％のものも！

何度も申し上げているように、本来、投資信託は、少額から分散投資ができるので、個人の方が長期で保有していくことで、大きな資産形成ができるツールとして非常に優秀なものです。

ここで、日本と米国で人気の投資信託の違いを表で見てみましょう。図2−3、2−4は、純資産残高といって、そのファンドが保有する全資産の額の大きい順からランキングにしたものです。図2−3は米国のランキング、図2−4は日本のランキングです。

プロローグでも触れましたが、1934年に設定された『アメリカン・ファンズ・インベストメント・カンパニー・オブ・アメリカ』という株式ファンドは、残高4・6兆円、現在10位でまだまだ人気のファンドです。

さて日米比較で、まず目をひくのは設定年数の違いです。日本では、最古の投信が『グローバル・ソブリン・オープン』の1997年設定。**ほかはすべて2000年以降の設定です。**それにひきかえ、米国の投資信託はどうでしょうか。7位の『アメリカン・ファンズ・グロース・ファンド・オブ・アメリカ』は1973年の設定で約40年の歴史があります。10位の『アメリカン・ファンズ・インベストメント・カンパニー・オブ・アメリカ』はなんと80年近くの歴史があります。ほかにも設定以来35年を超える投資信託が、ベスト10の中に4本も入っており、米国では、いかに長期の運用をされているか、というのが分かります。

図2-3 米国におけるファンド（資産クラス）別純資産残高ランキング

2013年2月末現在

順位	ファンド名	純資産残高（百万ドル） 設定日	分類	
1	バンガード・トータル・ストック・マーケット・インデックス・ファンド インベスター・シェアーズ	86,229 1992年4月27日	株式型	
2	バンガード・トータル・ストック・マーケット・インデックス・ファンド アドミラル・シェアーズ	65,095 2000年11月13日	株式型	
3	バンガード500・インデックス・ファンド アドミラル・クラス	64,083 2000年11月13日	株式型	
4	フィデリティ・コントラファンド	61,508 1967年5月17日	株式型	設定以来 40年超
5	アメリカン・ファンズ・インカム・ファンド・オブ・アメリカ・ファンド Class A	60,003 1973年12月1日	アセット	設定以来 約40年
6	アメリカン・ファンズ・キャピタル・インカム・ビルダー・ファンド Class A	59,808 1987年7月30日	アセット	
7	アメリカン・ファンズ・グロース・ファンド・オブ・アメリカ Class A	58,253 1973年12月1日	株式型	設定以来 約40年
8	バンガード・トータル・ボンド・マーケットII・インデックス・ファンド インベスター・シェアーズ	49,767 2009年1月26日	債券型	
9	アメリカン・ファンズ・キャピタル・ワールド・グロース・アンド・インカム・ファンド Class A	48,073 1993年3月26日	株式型	
10	アメリカン・ファンズ・インベストメント・カンパニー・オブ・アメリカ・ファンド Class A	46,350 1934年1月1日	株式型	設定以来 約80年

●対象は米国籍のミューチュアル・ファンド（除くETF、機関投資家専用）。MorningstarDirectを用いてイボットソン・アソシエイツ・ジャパンが作成（図2－4、5）
●分類のアセット＝アセットアロケーション型、株や債券などに分散投資をする

図2-4 日本におけるファンド別純資産残高ランキング

2013年2月末現在

順位	ファンド名	純資産残高(百万円) 設定日	分類	
1	グローバル・ソブリン・オープン(毎月決算型)	1,539,690 1997年12月18日	債券型	毎月分配型
2	短期豪ドル債オープン(毎月分配型)	949,421 2003年4月18日	債券型	毎月分配型
3	フィデリティ・USリート・ファンドB(為替ヘッジなし)	768,054 2003年12月9日	REIT型	毎月分配型
4	ハイグレード・オセアニア・ボンド・オープン(毎月分配型)	763,319 2003年6月13日	債券型	毎月分配型
5	新光US-REITオープン	677,463 2004年9月30日	REIT型	毎月分配型
6	ブラジル・ボンド・オープン(毎月決算型)	671,193 2008年11月26日	債券型	毎月分配型
7	ラサール・グローバルREITファンド(毎月分配型)	625,578 2004年3月26日	REIT型	毎月分配型
8	ピクテ・グローバル・インカム株式ファンド(毎月分配型)	622,017 2005年2月28日	株式型	毎月分配型
9	ダイワ米国リート・ファンド(毎月分配型)	603,215 2004年5月20日	REIT型	毎月分配型
10	三菱UFJ 新興国債券ファンド 通貨選択シリーズ〈ブラジルレアル〉(毎月分配型)	588,285 2009年4月28日	債券型	毎月分配型

●ファンド名は一部省略
●対象は日本籍の追加型株式投信(除くETF、DC専用、SMA専用、ラップ専用)

もうひとつ、最大の特徴があります。それは**日本の投資信託の上位10本すべてが「毎月分配型」であること**です。毎月分配型というのは、長期投資には全く向かないものです。それが純資産残高の上位を占めているということは、いかに日本の投資信託の現状がお寒いものであるか、お分かりいただけるかと思います。

日本ではなぜ、この「毎月分配型」が人気なのか。それは単に窓口ですすめやすい商品だからです。

「毎月分配型ファンドは買うな！」は長期投資家の間では常識

ここ5年くらいで、最も個人投資家の人気を集めた投資信託のひとつが、この「毎月分配型ファンド」です。毎月分配型ファンドの特徴は、文字通り、毎月分配金を受け取ることができるというものです。

投資信託には「決算日」というものが設けられており、前回の決算日から今回の決算日までの運用で発生した利益の一部を、分配金という形で、投資信託の保有者、つまり投資家に対して支払います。通常は年1回決算を迎えるため、1年間の運用で生じた利益の一部を、投資家に対して支払うことになります。

これに対して毎月分配型ファンドは、毎月決算日が設けられています。したがって、「毎月決算型」という名称を用いている投資信託会社もありますが、意味は同じです。

したがって、前月の決算日から今月の決算日までの1カ月間の運用で生じた利益の一部が、投資家に還元されるわけですが、長期投資を前提にする場合、このしくみは決して有利とは言えません。

ところが、毎月分配型ファンドは、多くの個人に受け入れられ、これまでの投資信託の歴史の中でも、最大のヒット商品になりました。やはり、10年後、あるいは20年後に得られる大きな利益よりも、たとえ少額でも目先で受け取れる利益に、多くの人は惹かれるということなのでしょう。

しかし、投資信託の分配金は、受け取る際に税金が課せられます。つまり、毎月分配型ファンドで毎月定期的に分配金を受け取っている人は、その都度、運用収益に課税されているのです。

また、投資信託会社の側からすれば、投資家に分配金を支払うためには、ファンドに組み入れられている資産の一部を売却するなどして分配金の原資を作る必要があります。当然、組入資産の一部でも売却する以上は、売却コストがかかってきます。

つまり、毎月分配金を受け取るということは、税金面でも、コスト面でも、投資家にとっては非常に不利なしくみになっているのです。

もっと言えば、長期投資のメリットのひとつである再投資効果も期待できなくなります。

図2-5 分配金は受け取るたびに、税金を払っている！

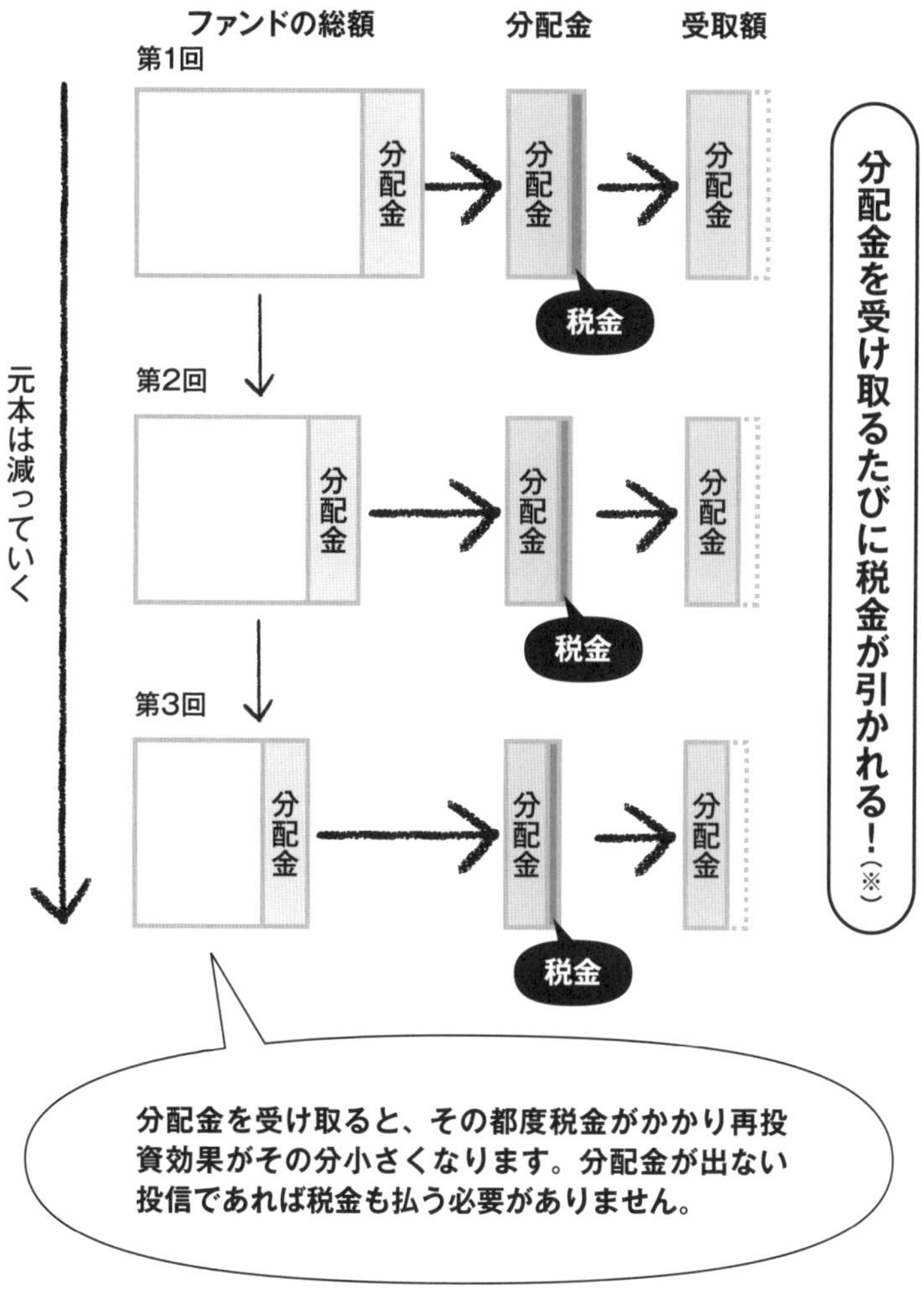
ファンドの総額
分配金
受取額
第1回
第2回
第3回
分配金
税金
元本は減っていく
分配金を受け取るたびに税金が引かれる！（※）
分配金を受け取ると、その都度税金がかかり再投資効果がその分小さくなります。分配金が出ない投信であれば税金も払う必要がありません。

※2013年は10%、2014年からは20%の税率になる。現在復興税が加算、 10%→10.147%、20%→20.315%
※ただし、保有の投信が元本割れしている場合に出る「特別分配金」は非課税

図2-6　分配金を支払うと基準価額がこんなに下がる！

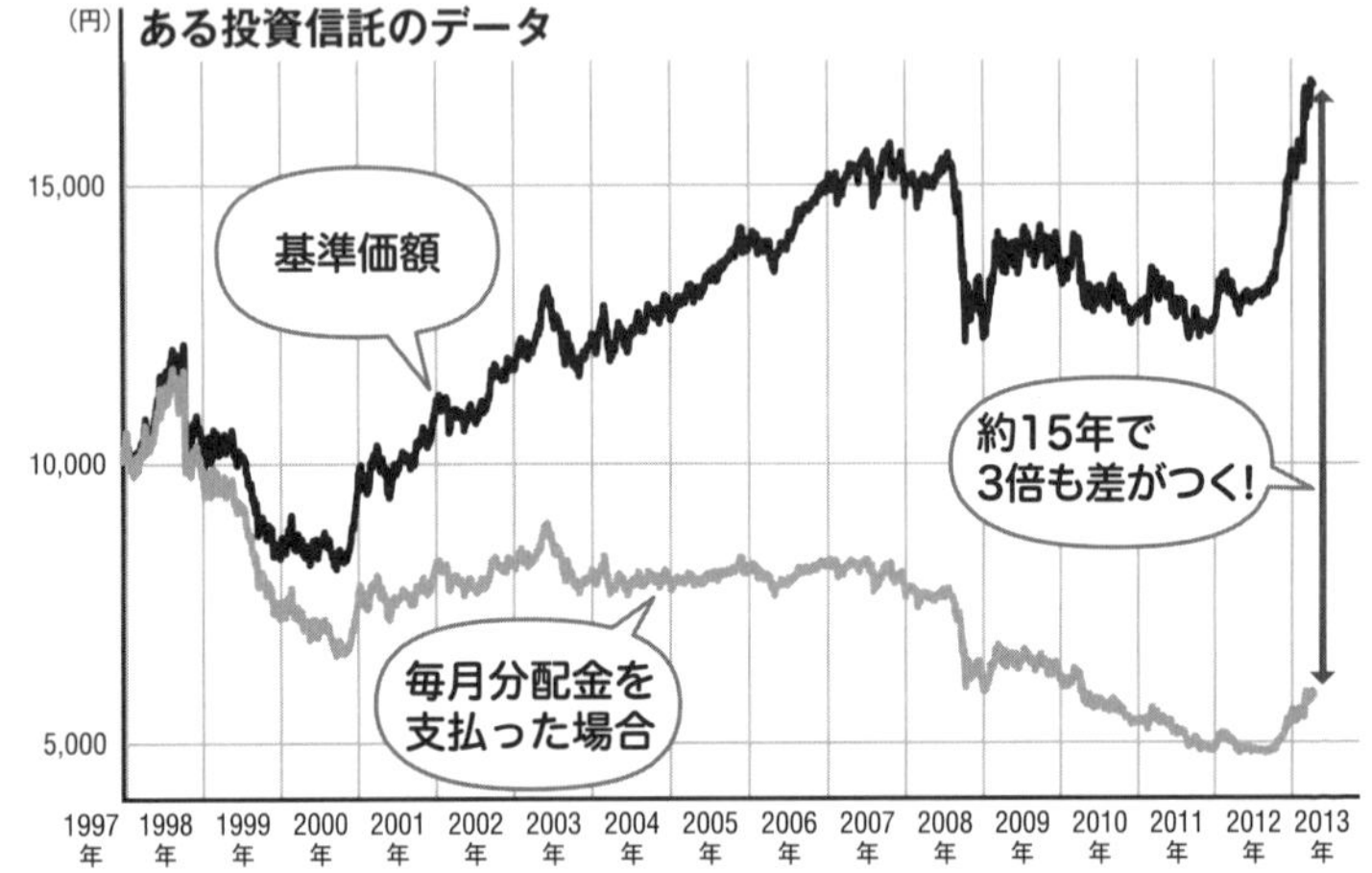

データ提供：モーニングスター

　再投資効果というのは、運用によって生じた利益を用いて、さらに株式や債券を買い付けることで、より投資元本が大きくなるため、運用益も大きく増えていくという効果のことです。預貯金の複利運用効果のようなものです。

　複利運用の効果がどれだけ大きいかということは、前章でも触れました。上の図2-6は、実際に1997年12月から運用されている投資信託で、毎月の分配金を受け取ったときと受け取っていないときの、基準価額の違いをグラフにしたものです。毎月の分配金額を足したとしても、分配金を再投資したタイプのほうが有利です。

　しかも、運用期間が長期になればなるほど、再投資効果は高まっていきますから、この効果を、みすみす捨てるわけにはいきません。

もうひとつ、毎月分配型ファンドの問題点があります。それは、投資対象の問題です。毎月分配型ファンドの多くは、金利の高い海外の債券を組み入れて運用するタイプが中心です。株式に比べて債券のほうが、分配金の原資となる利金が確定しているからでもあるのですが、長期投資を前提に投資信託を選ぶ場合、債券を買うということが、本当にメリットのあることなのかどうかを、考えてみる必要があります。

株式の場合、経済規模の拡大に伴って、その国の企業の業績が向上していけば、株式の価値がどんどん上昇していきます。つまり、株式は経済規模の拡大に比例して、価値が増えていくことになります。

しかし、債券の場合は違います。債券は100で発行したものが、100で償還されるというものです。もちろん、償還される前には利金が支払われ、かつ金利が低下傾向をたどれば、債券市場で取引される際の債券価格が値上がりしますが、償還まで保有すれば、100で買ったものが100で戻ってくるに過ぎません。この間、どれだけ経済規模が拡大したとしても、債券の根源的な価値は、変わらないのです。つまり、株式のように長期保有をしたとしても、価値が増えていくということがないのです。

長期投資で資産を大きく増やしたいというニーズに対しては、なかなか期待に添いにくいというのが債券投資なのです。

それを考えると、20代、30代で運用期間をたっぷり取れる人が、毎月分配型ファンド、なかでも外債を組み入れて運用する毎月分配型ファンドで運用するということは、せっかくの投資チャンスをみすみす自分から放棄しているということになります。

もちろん、販売金融機関が、自らこのようなことを説明して、毎月分配型ファンド以外の投資信託を買うようにというアドバイスをすることなど、まずありません。**販売金融機関からすれば、今、一番の売れ筋が毎月分配型ファンドであれば、一所懸命にそれを売ろうとするのです。**

投資信託を購入する際は、販売金融機関の意見を聞くのではなく、本当にそれを買うことが、自分の資産形成にとってプラスかマイナスかを見極める必要があります。それをせずに、販売金融機関の言いなりで投資信託選びをすると、気が付いたら同じような毎月分配型ファンドばかりを何本も持っていたということになりかねません。くれぐれも注意してください。

あなたもカモになっている！ 窓口で「新商品」をすすめられたら要注意

投資信託はたくさんの本数が運用されていますが、買っても良いファンドと、悪いファンドとがあります。

まず、**安易に買うべきではない投資信託は、まさにこれから運用がスタートするという投資信託です。**新しく設定される投資信託ということで、「新規設定ファンド」と言います。

新しい投資信託が登場する際は、まず運用が開始される前日まで、一定期間の募集期間が設けられます。募集期間は投資信託によって異なりますが、大体2週間程度と考えて良いでしょう。この間に、販売金融機関を通じて新規設定の投資信託にお金が集められ、設定日に、そのお金で投資信託に組み入れる株式や債券が買い付けられます。この運用開始日のことを設定日と言います。

こうして運用がスタートするわけですが、多くの投資信託は「追加型」といって、運用が開始された後からも、追加購入することができます。したがって、同じ投資信託でも募集期間中に新規設定ファンドを購入するのと、すでに一定の運用期間を経てから購入するのと、どちらが良いのかという話になります。

もちろん、どの投資信託も新規設定というのはあるわけですから、すべての新規設定を否定することはできません。

ただ、少なくとも投資信託を購入する投資家の側から見れば、過去の運用実績が全くない新規設定ファンドを購入するというのは、情報不足のなかで投資信託を購入することになるため、おすすめできないことになります。

一方、すでに一定の運用期間を経た投資信託の場合は、過去の運用実績、純資産残高の推移など、投資信託を選ぶための判断材料が揃っているので、やはりこうした過去の運用データがきちっと揃っている投資信託の中から、買える、買えないということを判断するべきです。

つまり、投資信託を購入する際は新規設定ファンドではなく、すでに運用が行なわれて一定期間が経過した既存の投資信託の中から、自分が欲しいと思う投資信託を選ぶべきなのです。

しかし、販売金融機関は、既存の投資信託よりも新規設定ファンドをすすめたがります。

理由はいろいろ考えられます。

まず、販売金融機関としては、手数料を稼がなければなりません。したがって、販売担当者には個々に販売ノルマが課せられます。もちろん、表向きは、この手のノルマはないということになっており、なかには「販売目標額」などという言葉で誤魔化しているケースが見られますが、言葉は違っても実際の意味合いはノルマと同じです。販売担当者にノルマを課すことによって、少しでも多くの新規設定ファンドを販売させ、手数料を稼ぐのです。

もちろん、既存ファンドでもノルマを課すことによって、販売することもできるという意見もあるかもしれません。

しかし、既存ファンドの場合、すでに過去の運用成績などが明らかになっているため、仮にマーケットの状況が悪く、運用成績が大きくマイナスに落ち込んでいたりすると、売るのが難しくなります。だから、**過去の運用成績がない新規設定ファンドの方が、販売金融機関にとっては「売りやすい」ということになります。**

そして新規設定ファンドを中心に販売するという傾向が強まると、どうしても、投資信託の寿命は短くなります。

先ほどの61ページ、図2-3で見たとおり、投資信託の本場である米国の場合、設定されてから20年、30年と経過した長寿ファンドがあります。しかし日本の場合は、運用期間が短く、償還を迎えてしまうファンドがたくさんあるのです。

今まで誰も書かなかった、日本で販売されているアクティブ型の「一般的な投資信託の一生」をここで、説明してみます。どういう運命をたどるのか、興味のある方もいらっしゃるでしょう。

まず、新しい投信を運用すると決まったら新規設定時に100億円、200億円という巨額の資金を集めます。その投信を売っている証券会社は、力を入れている投信であれば、新聞に全面広告を出したりして宣伝をします。それなりの規模であっても、ポスターやチラシを大量に作成して、窓口で購入してもらうための案内をします。

そして、運用を開始してしばらく経過し、見込みと違い運用成績が思わしくなかった場合には、販売員がすかさず他の投信への乗り換えを進めます（販売会社は、乗り換えてもらったほうが、購入時手数料が入るのでいいわけです）。

そして当の投信は、解約によってどんどん運用資産の額が減少傾向をたどっていきます。そしてついに、新規設定から2年、3年が経過すると、当初100億円で運用がスタートしたはずなのに、10億円程度まで目減りしてしまいます。つまり、設定直後から、どんどん大量の解約が生じて、資金がどんどん流出しているということです。

さて、このような状況が常態化すると、本来なら投資信託を選ぶ場合に、既存ファンドの中から購入する投資信託を選ぶべきなのに、既存ファンドは「買えない」ということになってしまいます。何しろ、**新規設定時点が残高のピークで、そこからどんどん解約が進んで残高が減ってしまうのですから……。**

仮に、新規設定時に100億円あった資金が2億円くらいまでに目減りしていったら、どういうことが起こるでしょうか。解約が生じた場合、ファンドマネジャーは解約資金を作らなければなりませんから、投資信託に組み入れられている株式や債券を、どんどん売却していくことになります。

当然、売却するためには、いつでも売れる、つまり逆の見方をするとすぐに買い手がつく株式や債券を優先的に売却していきますから、最終的に投資信託に残った2億円分の株式や債券というのは、売るに売れなくなった、もうどうしようもないものばかりになってしまいます。このような銘柄が将来、どんどん値上がりして投資信託の運用成績が向上するということなど、まず考えられません。

投資信託に組み入れられている株式や債券の時価を合計したものを純資産残高と言うのですが、今、国内で設定・運用されている投資信託の純資産残高を見ると、10億円を割り込んだもののがたくさんあります。

図2-7 純資産残高の推移で「ダメ」投信を見分ける！

NG 設定時がいちばん高いのは「ダメ」

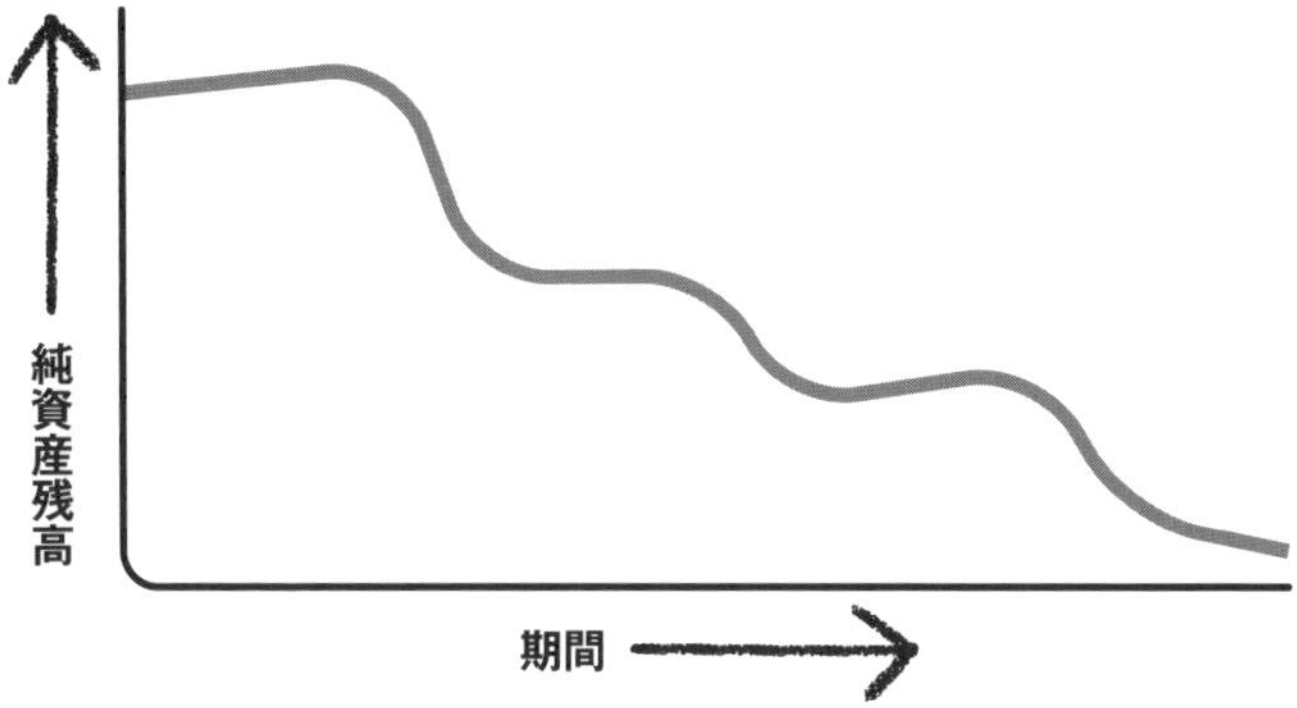

OK 最初は小さくても、どんどん増えていくのが理想

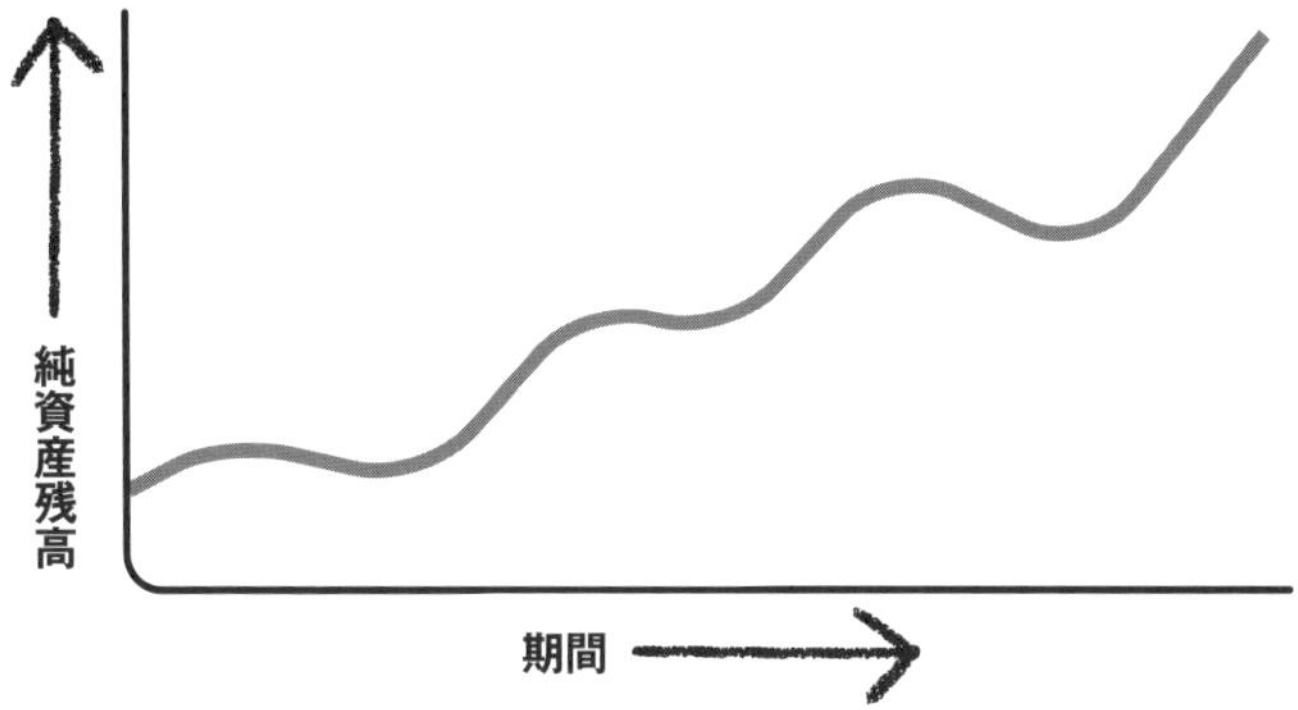

いや、むしろそういう投資信託のほうが多いくらいです。つまり、既存ファンドの多くは買えないということになるのです。

「人気ランキング」「運用成績ランキング」は全く当てにならない

投資信託を選ぶ際の判断基準として、「人気ランキング」や「運用成績ランキング」を参考にする人がいます。実際、雑誌などでも、この手のランキングを載せて、今、どのファンドが注目されているのかということを説明したり、そのような記事を元に窓口ですすめられたりします。しかし、**正直、これらは何の参考材料にもなりません。**

まず人気ランキング。現在の純資産残高や、資金流入額でランキングされており、それはそれで興味深い数字ではあるのですが、あくまでも今、どの投資信託がたくさん売られているのかということを把握する程度に留めておいたほうが良いでしょう。**間違っても、人気ランキングで上位にあるからといって、その投資信託を買うような真似はしないこと。**人気の高低と運用成績の良し悪しは、全く関係のない話だからです。

ただし、人気ランキングの時系列推移で、どんどん順位を落としていくような投資信託があったら、注意しておく必要があります。人気ランキングがどんどん下がっていくということは、解約によって資金が流出し、純資産残高の規模が縮小していると考えられるからです。その意味では、人気ランキングが役に立つこともありますが、基本的に人気上位にある投資信託は、金融機関の「販売力」の結果ともいえるので長期的に良いパフォーマンスが得られるという保証は、どこにもありません。

次に「運用成績ランキング」ですが、これも上位にある投資信託を選んだからといって、今後も高い運用成績が期待できるかというと、実はそうでもないのです。

それには2つの理由が考えられます。

まず、**投資信託の運用成績は、あくまでも過去の数字**であるということ。投資信託の運用成績を示す「騰落率」というものがあります。これは、今を終点とし、過去1カ月、3カ月、6カ月、1年、3年、というように遡って、その間に基準価額がどのくらい値上がり（値下がり）したのかを示したものです。

たとえば現在の基準価額が1万3000円で、そこから1年前の基準価額が1万円だとすると、過去1年間の騰落率は30％ということになります。

このように、騰落率は過去の基準価額からどの程度値上がり（値下がり）したのかを示しており、あくまでも過去の結果です。したがって、運用成績のランキングで1位となったファンドが、将来もずっと1位をキープできる保証は、どこにもないのです。

2つ目の理由は、**一定期間中に大きく値上がりした投資信託は、その後、下落するケースが多い**ということです。特に、中国株式ファンド、インド株式ファンドというように、特定の資産クラス、特定の国・地域に集中投資している投資信託が、運用成績ランキングで上位に来ているということは、一定期間中に、そのマーケットが大きく上昇したことを意味します。

そのまま上昇し続けてくれれば良いのですが、マーケットは常に上昇・下落を繰り返すものですから、どこかの時点で必ず調整します。つまり値下がりします。

したがって、運用成績ランキングで上位に来るほど大きく値上がりした投資信託は、近い将来、逆に値下がりするリスクがある、ということになります。

運用成績ランキングの延長線で言えば、投資信託の評価についても、将来のリターンを保証するものではないということを、頭に入れておく必要があります。

投資信託の評価というのは、過去の運用成績などを判断材料とし、いくつかの角度から、優れた運用が行なわれているかどうかを、特定の評価記号で示すものです。しかし、こういった投資信託の評価も、結局のところ、過去の運用成績をベースにして判断されているものですから、現時点で高い評価を得ているからといって将来の運用成績も優れているとは限りません。

こうした人気ランキングや運用成績ランキングというものは、視覚的にも分かりやすいことから、投資信託を選ぶ際に頼ってしまいがちですが、実際には落とし穴がたくさんあります。

そういう落とし穴を理解したうえで、あくまでも参考材料として利用するのは結構ですが、すべてをランキングに頼って、購入する投資信託を選ぶと、後悔につながる恐れがあることには、十分注意する必要があるでしょう。

図2-8 たとえば新興国株式のマーケットは、大きく動く！

順位	2010年	2011年	2012年
第1位	グローバルREIT 7%	日本債券 2%	グローバルREIT 39%
第2位	新興国株式 4%	外国債券 0%	新興国株式 33%
第3位	日本債券 2%	グローバルREIT -3%	外国株式 32%
第4位	コモディティ 2%	新興国債券 -7%	新興国債券 31%
第5位	日本株式 1%	外国株式 -9%	分散ポートフォリオ 24%
第6位	新興国債券 1%	分散ポートフォリオ -9%	日本株式 21%
第7位	分散ポートフォリオ 1%	日本株式 -17%	外国債券 20%
第8位	外国株式 -2%	コモディティ -18%	コモディティ 11%
第9位	外国債券 -13%	新興国株式 -22%	日本債券 2%

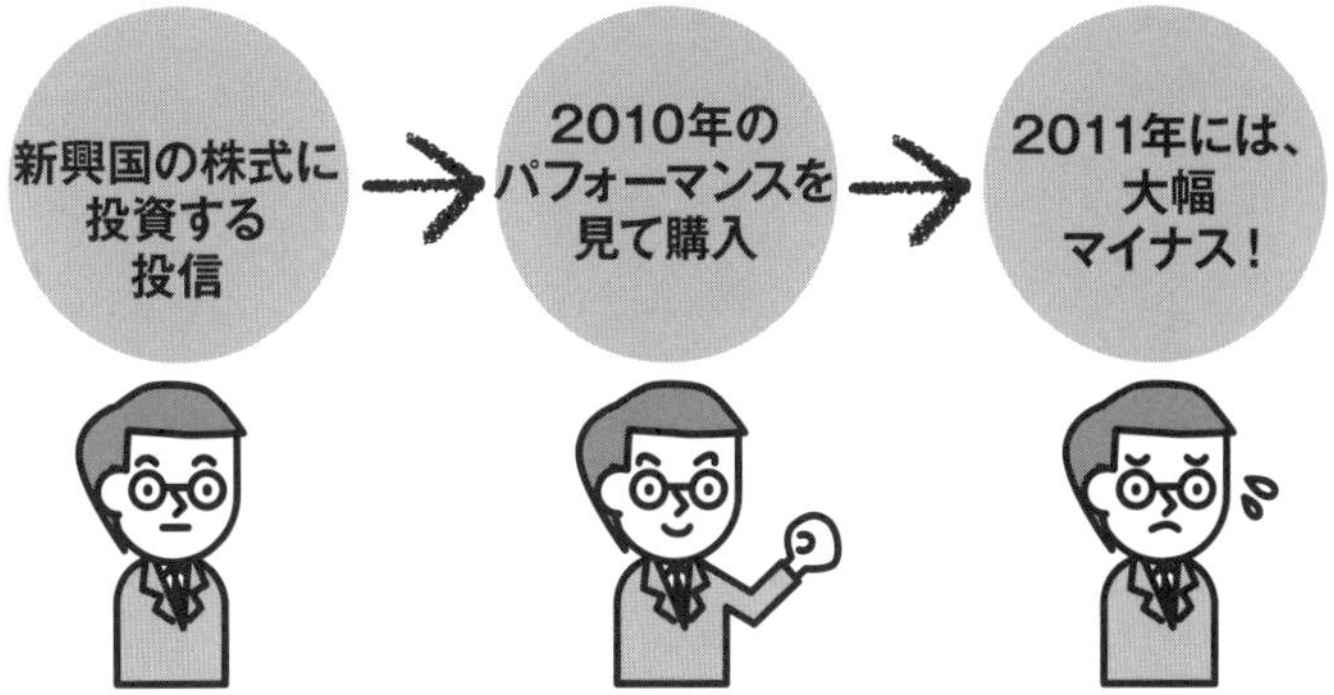
新興国の株式に投資する投信
2010年のパフォーマンスを見て購入
2011年には、大幅マイナス！

「専門家の運用だから安心です」は信用できるのか

「投資信託は専門家が運用するので安心です」

投資信託の特徴について言い表す際、少額投資と分散投資に加え、もうひとつよく言われるのが、この「専門家運用」です。

専門家が運用するから安心という言葉には、嘘はないと思います。ただ、多くの個人の方とお話しして、時々はっとさせられるのは、「専門家による運用だから、自分たちが運用するよりも高いリターンが得られるはず」と思い込んでいることです。

これはすべての投資信託について言えることですが、専門家の専門家たる所以《ゆえん》は、銘柄当ての上手・下手ではなく、あくまでも**ファンドに組み入れられている資産の管理をしっかり行なっているかどうか**で決まるということです。

投資信託は、さまざまな国・地域の、さまざまな株式や債券を組み入れて運用しています。国によっては、日本がまだ真夜中の時間帯に取引が行なわれているところがありますし、数十、数百という銘柄の価格動向を時々刻々とモニタリングして、組入比率のバランスを取り続けるということを個人レベルで行なうのは、不可能です。そういう資産の管理をしっかり行なってくれるからこそ、運用管理費用というコストを負担してでも、投資信託を購入するメリットがあるということです。

もちろん、きちっとした資産管理を行なった結果として、良い運用実績がもたらされることもあります。

でも、それはあくまでも結果論ですし、最初から銘柄を当てにいくという姿勢で運用を行なっているファンドマネジャーは、皆無といっても良いでしょう。そもそも投資信託という金融商品は、専門家の儲かる銘柄を当てる能力を買うのではなく、資産管理のノウハウを買っていると考えるべきなのです。

投資信託の損益を左右する最も大きな要因は、マーケットの動向です。つまり、いくら専門家が運用しているといっても、投資先マーケットが大きく下落するなかで、それに逆行する形で高い運用成績を収めることは、まず不可能です。

さらに言えば、実際に皆さんが投資信託を購入する際に、購入手続きなどをしてくれる金融機関の販売担当者も、前述したように、**決して運用のプロではありません。販売のプロです。**

実は、この点を誤解している人も、非常に多いのです。これは、投資信託のしくみを理解すれば、いかに誤解しているかということが分かるのですが、販売金融機関が投資信託を運用していると勘違いしているケースが、意外と多いのです。

59ページ図2-2でも説明したとおり、投資信託は、証券会社や銀行などの販売金融機関を通じてお金を集め、それを投資信託会社が運用するのですが、お金を集めている金融機関が運用していると思い込んでいる人が多いのです。その結果、販売金融機関の窓口で投資信託の商品説明をしてくれる販売担当者のことを、運用の専門家であると誤解してしまうのです。

販売金融機関は、あくまでも小売業に過ぎません。つまり販売のプロではあるかもしれませんが、過去において、運用の経験が一度もないという人が販売の最前線に立っているのです。

もちろん、運用経験がないから投資信託を販売してはいけない、などと言うつもりはありません。ただ、投資信託を購入するのに販売担当者とやり取りをする個人は、販売担当者が運用のプロであるという誤解をしないように注意することが大事です。

プロである販売担当者にとって、顧客の資産を増やすということよりも、自分たちの手数料収入をいかに増やせるかが、興味の大半を占めています。したがって、投資信託を買いに来た人に対しては、聞こえの良い話しかしません。いくら「長期投資」が、資産形成にとってプラスだということを分かっていたとしても、それを口にすることはないでしょう。

何しろ長期投資というものは、その効果が目に見えて分かるまでには長い時間を必要としますし、何よりも退屈なものです。少しでも多くの投資信託を買ってもらうためには、あるいは買ったり売ったりを繰り返す回転が早い商いをしてもらうためには、長期投資の有効性を唱えることはできないのです。

それよりも、目先で儲かりそうな話をして、どんどん新しいファンドに乗り換えてもらうということのほうが、販売金融機関の販売担当者にとっては、その都度、手数料が入ってくるのでメリットが大きいのです。

投資信託会社の運用担当者（ファンドマネジャー）は、**銘柄当ての専門家ではなく、あくまでも資産管理の専門家である**ということ。そして、販売金融機関の窓口にいる販売担当者は、運用のプロではなく、あくまでも販売のプロであるということ。

この2つの誤解さえしなければ、投資信託を購入する際に間違った誘導を受けて、自分の意図しないファンドを購入してしまうリスクを避けられるはずです。

結局は売る側がトクしている、「仕掛け」のある商品にだまされるな！

ここ数年、販売金融機関を通じて売られている投資信託の内容を個別にチェックしていると、「仕掛け」を売りにしている投資信託がとても多いことに気が付きます。

前述した毎月分配型ファンドもそうです。このファンドは、「毎月分配金を受け取ることができますよ」という、分配の仕掛けを売り物にして、個人の人気を集めました。

恐らく、投資信託を購入する側も、毎月分配金を受け取ることができるということにばかり気を取られ、何を組み入れているのか、リスク・リターンの特性はどういうものなのか、といったことは一切考えずに、購入に踏み切ってしまうという人が多いように見受けられます。

他にも、仕掛けを前面に打ち出して、人気を集めているファンドはたくさんあります。

たとえば今も販売されていますが、数年前に、「リスク限定型」とか、「元本保証型」といった名前の投資信託が数多く売られました。

現在は投資家に誤解を与える恐れがあるということでそういった名称は使用できなくなっていますが、それらは実際、複雑なしくみを使った投資信託であり、多くの人がわけも分からずに購入したのではないでしょうか。

このしくみをざっくり説明すると、株価が設定された一定の水準、つまり、値上がり幅も値下がり幅も小さかったならば、その投信を償還した金額＋満期まで市場金利よりも高めな分配金（2％とか4％）がもらえるといったものです（図2-9の上の図のⒶパターン）。

逆に前もって設定した水準よりも、株価が大きく上昇しても利益は限定的（下の図のⒷのパターン）、そして株価が大きく下がるとリスク限定は解除されてしまい、どこまでも損が広がってしまい（Ⓒのパターン）、分配金を少しくらいもらっても非常に大きな損になるのです。

販売する金融機関の窓口では、この「高めの分配金」の部分を前面にアピールし、猛烈に売りまくった商品でした。

またこの商品の仕掛けがすごいのは、配当金は2～4％ですが、これらの投資信託の購入時手数料は、（商品によって若干変わってきますが）、おおむね3％。もちろんその他の運用管理費用といったコストも1～1・5％程度が収入として入ってきます。ですから万が一Ⓐ やⒷに なって顧客に2～4％の分配金を支払うことになっても、4～4・5％の手数料が入ってくる

図2-9 「リスク限定投信」で、日経平均の値と連動する場合

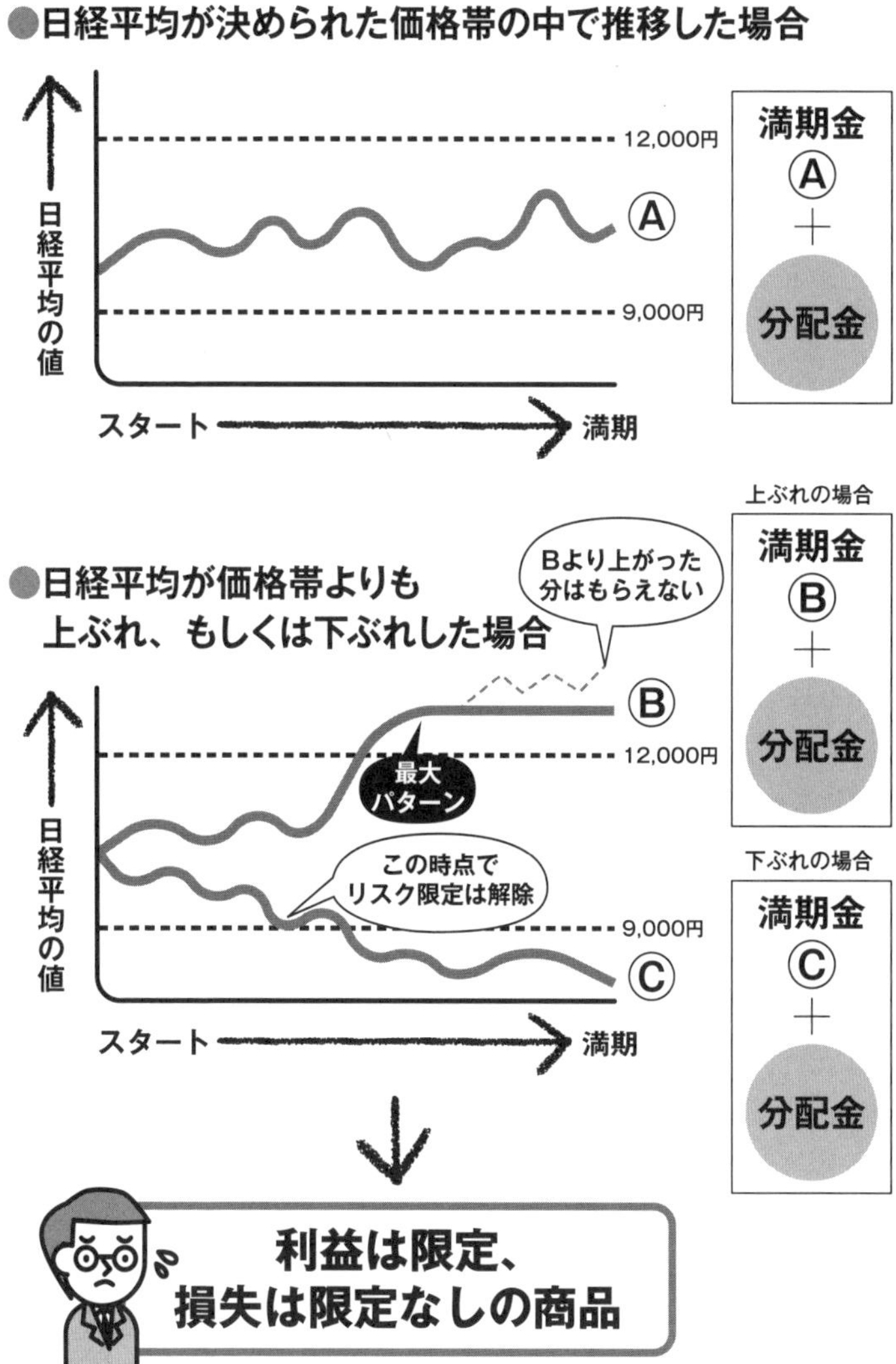

ので売る側はほとんど損しないしくみです。

逆に投資家はリスクをとっているのにもかかわらず、株価の上昇局面では上値が限定的なので、儲けが少ないのです。

複雑な仕掛けを作って、投資家にわざと分からせなくするような商品を売りまくった金融機関は本当に悪質だと思います。

通貨選択、カバードコールなど複雑なしくみで高配当の投信が増加中！

もっとも、最近ではさらに複雑なしくみの投資信託が登場しています。たとえば「通貨選択型ファンド」などは、その典型例でしょう。

通貨選択型ファンドは、複数の通貨コースが用意されており、自由に通貨コースを選んで投資できるというものです。投資対象となるのは米国のハイ・イールド債またはジャンク債と呼ばれる高利回りの社債や、新興国の国債などで、通貨コースはブラジルレアル、南アフリカランド、トルコリラなどがあります。

このタイプの投資信託のキモは、「ヘッジプレミアム」と呼ばれる、もう一つの収益源にあります。ブラジルの金利が10％、米国の金利が1％だとして、ブラジルレアルを売って米ドルを買い、米国のハイ・イールド債に投資すると同時に、ブラジルレアルと米ドルの間の為替リスクをヘッジするため、米ドルの売りヘッジを掛けます。すると、両通貨の金利差に相当する9%のヘッジプレミアムを得ることができます。

加えて、日本の投資家がこの投資信託を購入する場合、円をブラジルレアルに替えたうえで、米国のハイ・イールド債に投資する形になるため、ブラジルレアルが対円で上昇すれば、為替差益も得られます。

このようにブラジルレアルコースのような高金利通貨のコースを選ぶと、為替差益に加えてヘッジプレミアムという別の収益を得ることもできるのです。つまり通貨選択型ファンドは、為替差益、ヘッジプレミアム、そして投資先の高金利債券から得られる利金という3つの収益源を持っており、それによって高い分配金利回りが得られるという魅力があるのです。

図2-10 ハイ・イールド債とは信用リスクが高く、低い格付のもの

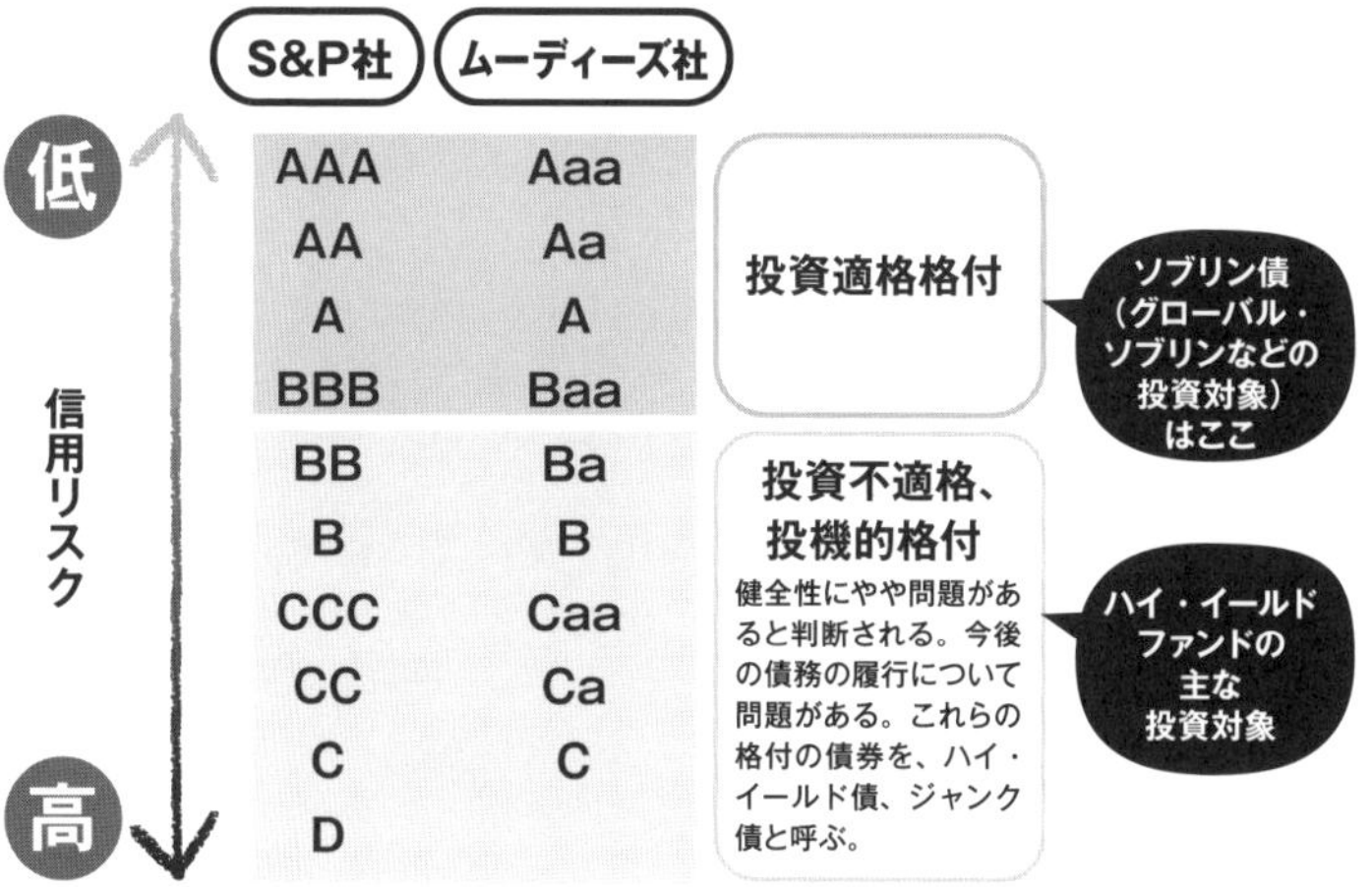

S&P社	ムーディーズ社		
AAA	Aaa	**投資適格格付**	ソブリン債（グローバル・ソブリンなどの投資対象）はここ
AA	Aa		
A	A		
BBB	Baa		
BB	Ba	**投資不適格、投機的格付** 健全性にやや問題があると判断される。今後の債務の履行について問題がある。これらの格付の債券を、ハイ・イールド債、ジャンク債と呼ぶ。	ハイ・イールドファンドの主な投資対象
B	B		
CCC	Caa		
CC	Ca		
C	C		
D			

ただ、より高い分配金利回りを得たいという欲望は止まることがなく、最近ではさらにもうひとつの収益源を加えた「4階建てファンド」ともいうべき投資信託が登場しました。これは、カバードコール戦略といって、投資信託に組み入れられている資産に対応したオプション取引の売りを付加したものです。このカバードコール戦略によって、前述した通貨選択型ファンドの収益源である為替差益、ヘッジプレミアム、投資信託の組入資産から得られる高金利に加え、オプションプレミアムが上乗せされ、4階建て投資信託になるのです。その分、高い分配金利回りが期待できます。

このように、少しでも投資家の人気を集めようとして、さまざまな仕掛けを盛り込んだファンドが設定されています。しかしひとつだけ、これは「ほぼ絶対」と言っても良い真理なのですが、いくら「素晴らしい！」と思える仕掛けが設けられていたとしても、マーケットのリスクを100パーセント回避することはできません。このことをまず、頭に入れておいてください。

つまり、資産運用というのは、リスクを回避するために長期投資や積立投資、分散投資という方法を使って、リスクをコントロールすることが大事なのです。

図2-11 大きなリスクをいくつも内包しているファンド

ハイ・イールド債

利回りは高いが、
信用リスクも高い

カバードコール

オプション取引の
「売り」を設定。
ハイリスク・ハイリターン

ヘッジプレミアム

２国間の金利差が
高ければ高いほど
その分の金利が上乗せされるが、
逆に動けば金利を支払うので
損をする

為替損益

円安が進めば
為替差益が得られるが、
円高になると為替差損で、
価値が下がることになる

「米国ハイ・イールド債券の利回り」＋「通貨選択型」の例

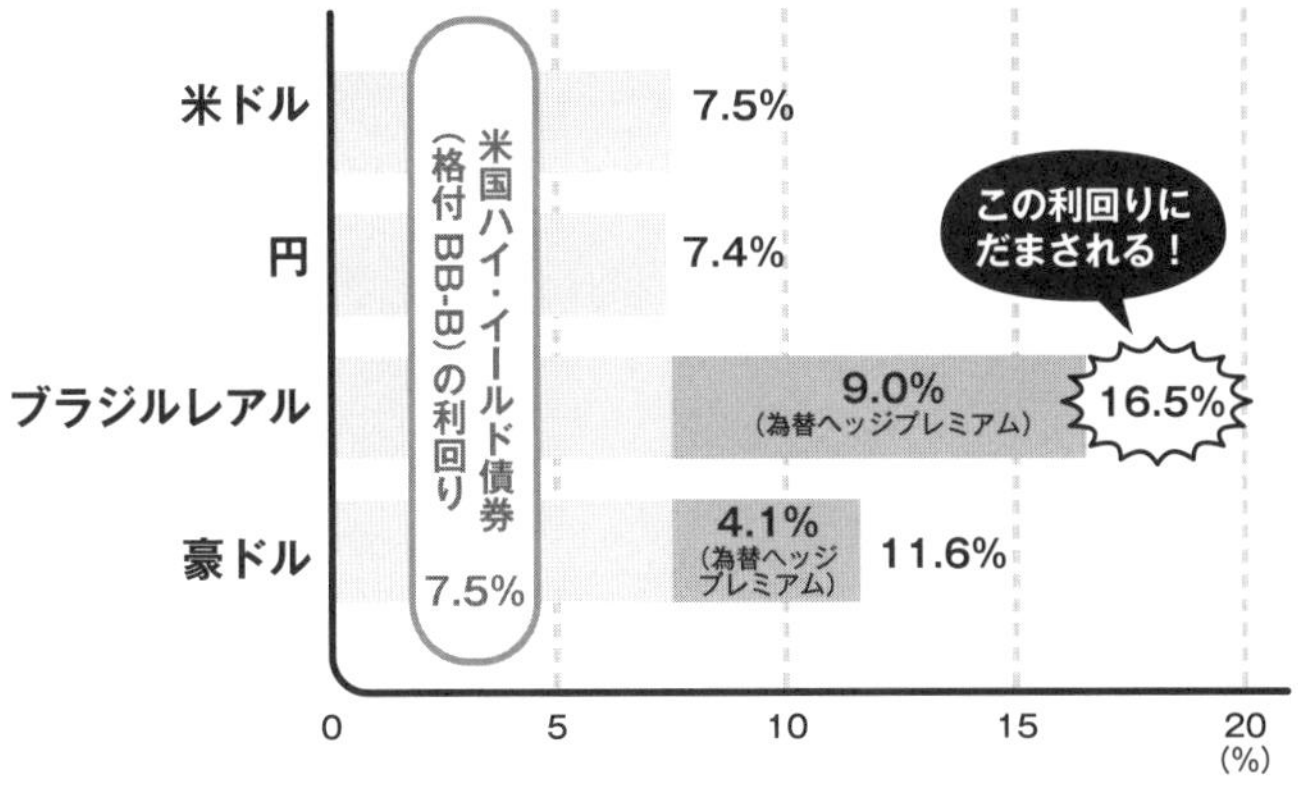

3章

だまされないために知っておくべき投資信託のしくみ

投資信託を購入する窓口、「販売金融機関」と「購入時手数料」

本章では、投資信託の基本的なしくみや、コストについて解説していきたいと思います。長期投資を行なううえで無視できないのは、コストです。長い期間運用するからこそ、手数料は安ければ安いほどいいのです。

まず「投資信託」という金融商品を組み立てていくうえで関わっている会社を中心に、その役割とコストについて考えてみましょう。まずは「販売金融機関」です。

投資信託を購入する場合、恐らく大概の人は、近くの金融機関の窓口に行くことでしょう。ここ10年くらいで、投資信託の販売窓口となる金融機関は急増しました。かつて、投資信託の販売金融機関は証券会社だけだったのですが、80年代バブルの崩壊によって株価が急落し、株式市場が低迷したため、市場活性化の一環として、証券会社には行かない層にも買ってもらえるよう銀行や保険会社の窓口でも投資信託を販売できるようにしたのです。それが1998年のこと。今から15年ほど前の話になります。

それ以来、投資信託は幅広い金融機関の窓口で購入できるようになり、2005年からは当時の郵便局、現在のゆうちょ銀行でも投資信託が買えるようになりました。

これにより、投資信託はほとんどの金融機関の窓口で購入できるようになりました。

ここで私たち個人投資家が、投資信託を購入するときに支払うのが「購入時手数料」です。

図3-1 投資信託にかかるコストは主に3種類

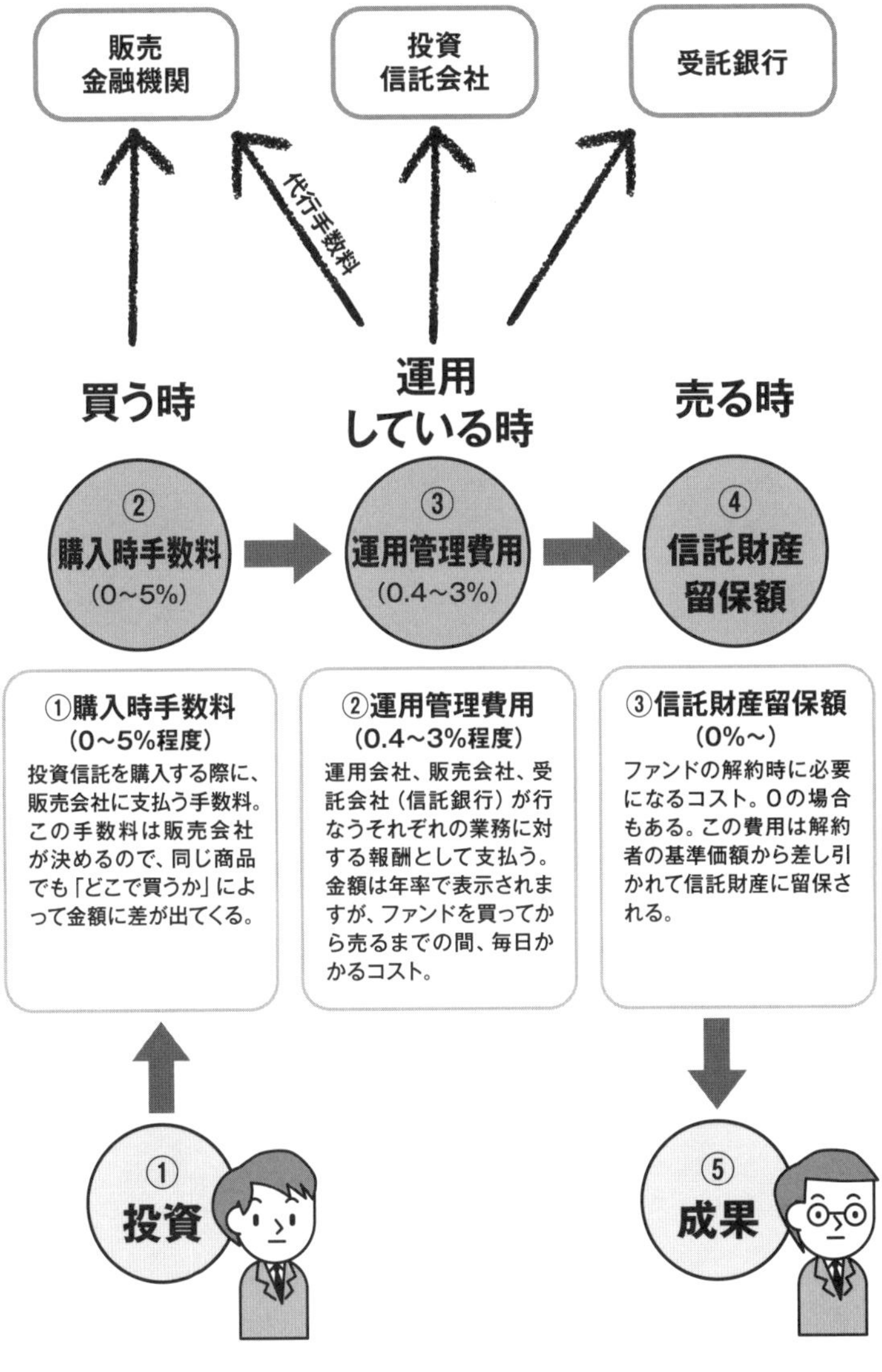
販売
金融機関
投資
信託会社
受託銀行
代行手数料
買う時
運用
している時
売る時
②
購入時手数料
(0~5%)
③
運用管理費用
(0.4~3%)
④
信託財産
留保額
①購入時手数料
(0~5%程度)

投資信託を購入する際に、販売会社に支払う手数料。この手数料は販売会社が決めるので、同じ商品でも「どこで買うか」によって金額に差が出てくる。
②運用管理費用
(0.4~3%程度)

運用会社、販売会社、受託会社(信託銀行)が行なうそれぞれの業務に対する報酬として支払う。金額は年率で表示されますが、ファンドを買ってから売るまでの間、毎日かかるコスト。
③信託財産留保額
(0%~)

ファンドの解約時に必要になるコスト。0の場合もある。この費用は解約者の基準価額から差し引かれて信託財産に留保される。
①
投資
⑤
成果

少し前まではいわゆる「販売手数料」と呼ばれていたものです。販売金融機関が受益者から取っているこの手数料については、正直なところ、私は納得がいかないものもあります。

手数料というのは、何か仕事をしてもらったことへの対価として支払うものです。でも、投資信託の購入時手数料というのは、なぜか運用してもらう前の段階で払わされます。それも、投資信託会社に対して支払うのではなく、なぜか販売金融機関に対して支払うのです。

これはおかしな話です。私に言わせれば、購入時手数料などというものは、販売金融機関が勝手に個人の預かり金からお金をピンハネしている悪しき商慣習だと思います。

運用開始時点で2％、あるいは3％というコストを差し引かれるというのは、運用するうえでも非常に大きな問題です。たとえば1万円を投資するとして仮に3％だとすると、9700円からの運用スタートになるわけです。当然、投資元本が目減りしているため、まずはそれを取り戻すための運用が必要ですし、投資元本が小さくなった分、1万円まで戻すのにも時間がかかります。投資効率が大幅に低下してしまうのです。

もちろん、その一方で**「ノーロード」という、購入時手数料を取らないタイプの投資信託も存在してはいます。**

ただ、ここにもまた落とし穴があります。購入時手数料は取らないものの、その分、投資信託会社から販売金融機関へと支払う代行手数料が購入時手数料を取る投資信託よりも手厚くなっているのです。

その結果、投資信託を運用している投資信託会社が取る運用管理費用よりも、単なる販売窓口に過ぎない販売金融機関が取る代行手数料のほうが高い料率になるという逆転現象が生じているのです。これは、どう考えても変な話ですし、投資信託会社と販売金融機関の力関係を見るような気がします。日本の投資信託業界においては、投資信託会社よりも圧倒的に販売金融機関のほうが、力が強いのです。

また、「バックエンドロード」という方式を使っている投資信託もありますが、これは、購入するときには手数料がかからないノーロードということに、表向きにはなっているのですが、あらかじめ決められている一定の保有期間を経過する前に解約すると、購入者は保有期間に応じた解約手数料を支払わなければならないというものです。結局、短期のうちに解約すると、購入時に購入時手数料を取る投資信託と比べて、コスト的にはほとんど同じという、まるで詐欺のような投資信託です。

90年代半ば、外資系投資信託会社がこぞって日本に進出してきたとき、彼らが何をしたかというと、販路を少しでも増やそうとして、販売金融機関に支払う代行手数料を手厚くしました。その結果、世間はデフレでどんどんモノの値段が下がっていたのに、なぜか投資信託のコストは上昇傾向をたどりました。これも、やはり販売金融機関の力がいかに強いかを示しています。

私は、正直なところ、長期投資向きの投資信託が日本で育たない原因は、この販売金融機関の存在があるからだと思っています。次から次へと窓口のおすすめによって乗り換え商いが行なわれ、その結果、個人の投資信託の平均保有は2・3年と極めて短くなり、割高なコスト負担を強いられることになる。これらの問題点は、すべて販売金融機関が存在することで生じているものばかりです。

そう考えると、販売金融機関は必要ありません。

いや、存在するのは結構ですが、少なくとも投資信託の運用に影響を及ぼすようなプレゼンスを発揮するべきではないでしょう。販売金融機関と投資信託会社の力関係が逆転しない限り、日本の投資信託業界はなかなか良くならないと思います。

もしくは、販売金融機関とは一切関係のないところで投資信託ビジネスを展開できる投資信託会社が増えてくれれば、今の、販売金融機関主導によってもたらされている諸々の弊害は、避けることができそうです。直接販売という形態を取っている投資信託会社は、まさにそれを実現するために、さまざまな試みを行なっています。

投資信託を作り、運用する「投資信託会社」

販売金融機関の次に、投資信託会社（運用会社とも言います）の役割について説明しましょう。

投資信託という金融商品は、投資信託会社なくしては存在しえないといっても良いでしょう。一般に「ファンド」と称されている投資信託商品は、投資信託会社が企画し、運用しています。

投資信託会社の仕事は、投資信託を立ち上げ、運用を行なうことです。それは昔も今も何ら変わっていませんが、最近の傾向として海外の株式・債券市場に投資する投資信託の本数がどんどん増えてきたため、運用のための体制に変化が見られるようになってきました。

今から十数年前の投資信託は、日本国内の株式や債券に投資するタイプばかりだったので、投資信託のポートフォリオを管理しているファンドマネジャーの仕事というのは、企業分析を行なうアナリストとともに日本のさまざまな企業を訪問し、投資信託に組み入れられる銘柄を発掘するというものでした。

しかし、2000年代に入ってからは、徐々に投資信託の運用体制に変化が生じてきました。日本国内の株式や債券を組み入れて運用する投資信託よりも、海外の株式、債券市場に投資するタイプの投資信託が急増してきたのです。なぜなら、日本の株価に比べて諸外国の株価のほうが、より大きく上昇していったからです。加えて、日本の超低金利が深刻化するなかで、相対的に高い外国債券の金利が注目され、外債ファンドがどんどん新規設定されていきました。

海外の運用会社の場合、世界各国にリサーチの拠点を築いているところが多いのですが、残念ながら日本の投資信託会社は、これまで日本国内の株式・債券市場にばかり投資していたこともあって、海外の拠点をほとんど持たないところばかりでした。そのため、日本の投資信託会社が、海外の株式・債券市場に投資する投資信託を運用しようと思っても、海外情報がなかなか集まらずに運用が難しいという状況に直面してしまったのです。

その結果、多くの日本の投資信託会社が考えたのが、海外の運用会社に外国資産の運用を委託するというものです。これは投資信託の目論見書などを見ていただくと分かるのですが、目論見書の運用関係者のところに、外部の運用委託者ということで、他の運用会社の名前が表示されている投資信託もあります。

その意味では、日本の投資信託会社の場合、運用に関するすべての資源を丸抱えにせず、必要に応じて外部の運用会社と協力しあいながら運用するという投資信託が、このところは増えてきました。それだけ、日本の投資信託会社ではなかなかリサーチの守備範囲などが及ばない、海外市場で運用する投資信託が増えてきたということでもあります。

投資信託会社は、金融機関の「系列系」と「独立系」の2つがある

ところで投資信託会社の経営形態を見ると、銀行や証券会社などの金融機関が親会社で、その親会社が販売するファンドを中心に設定・運用しているところと、完全な独立形態のところとに分かれます。

金融機関系列の投資信託会社は、親会社から経営に必要な援助を随時受けられることや、親会社が持っている店舗網を使ってファンドの販売ができることから、運用されているファンドの規模が大きく、組織としての規模も大きなところがたくさんあります。外資系投資信託会社も、既存金融機関のヒエラルキーの中にある存在のひとつと考えて良いでしょう。

これに対して、「独立系投資信託会社」と呼ばれている一群があります。

先駆けとなったのは、澤上篤人《さわかみあつと》さんが立ち上げた、「さわかみ投信」です。私が「セゾン投信」を立ち上げたのも、さわかみ投信にインスパイアされたからです。ちなみにさわかみ投信が運用を開始したのは1999年のことでした。以来、14年間にわたってさわかみファンドは運用を続け、今では3000億円を超える純資産残高を持っています。独立系投資信託会社としては、非常に成功した事例のひとつといえるでしょう。

この、さわかみ投信の成功に続けと、独立系投資信託会社が次々に登場してきました。セゾン投信もそうですし、それ以外に、「ありがとう投信」、「クローバー・アセットマネジメント」、「レオス・キャピタルワークス」、「ユニオン投信」、「コモンズ投信」、「鎌倉投信」、独立系投資信託会社として名乗りを上げました（図3-2）。

そして、ここに挙げた独立系投資信託会社は、自社ファンドを直接販売しているという点が共通しています。さらにその共通目的は長期投資の運用を実現させ、生活者の財産作りをかなえるということです。

2013年6月5日現在

	特長	運用管理費用（年）	信託財産留保額	最低積立額
	ファンド・オブ・ファンズ形式で、9本のファンドを組み入れ、日本を含む全世界へ投資。※詳細はP176にも。	1.6% ±0.3%	0%	1000円～
	2013年R&Iの最優秀ファンド賞に。日本株式が主な投資先で、日本の「いい会社」を見つけて投資。	1.05%	0%	1万円～
	ファンド・オブ・ファンズ形式で、5本のファンドを組み入れ。目標国別投資比率は、北米30：欧州25：日本25：新興国15：その他5	1.60% ±0.20%	0.20%	1万円～
	ファンド・オブ・ファンズ形式で、4本のファンドを組み入れ、日本を含む全世界の株式へ投資。大阪での説明会を数多く開催。	1.65% ±0.20%	0%	1万円～
	ファンド・オブ・ファンズ形式で、4本のファンドを組み入れ、日本を含む全世界の株式へ投資。投資比率は日本50：海外50を目指す。	1.60% ±0.30%	0%	1万円～
	2013年に新規で運用開始。ファンド・オブ・ファンズ形式で、9本のファンドを組み入れ、日本を含む全世界の株式へ投資。	1.9% ±0.25%	0%	1万円～
	30年という長期の目線で投資対象は日本の30銘柄に厳選、「30年、30銘柄、対話」という、世界初のコンセプトを持つ。	1.21%	0%	3000円～
	今年で運用14年を迎える長期投資、直販投信の草分け的存在。主に日本株を対象に投資。純資産残高は約2900億円（2013/6/20現在）	1.05%	0% （50万円超1.5%）	1万円～
	ファンド・オブ・ファンズ形式で8本のファンドで、日本を含む全世界の株式および債券へ投資。※詳細はP170にも。	0.74% ±0.03%	0.10%	5000円～
	ファンド・オブ・ファンズ形式で、10本のファンドを組み入れ、日本を含む全世界の株式へ投資。※詳細はP178にも。	1.3% ±0.2%	0.10%	5000円～
	ファンド・オブ・ファンズ形式で、4本のファンドを組み入れ、日本を含む全世界の株式へ投資。※詳細はP184にも。	1.9% ±0.30%	0%	1万円～
	主に日本株へ投資。長期投資を応援、運用管理費用を5年以上の保有で0.2%、10年以上の保有で0.4%を差し引き、その分を再投資する。	1.029%	0%	1万円～

※直販投信について、詳しくはP216も参照

図3-2 独立系の直販投資信託会社は現在8社、12ファンド

投資信託会社名	ファンド名	設定	主な投資対象
ありがとう投信 0800-888-3900	ありがとうファンド	2004/9/1	世界分散（株式）
鎌倉投信 050-3536-3300	結い2101ファンド	2010/3/29	日本株式
クローバー・アセットマネジメント 東京 03-3222-1220	かいたくファンド	2008/4/22	世界分散（株式）
	浪花おふくろファンド	2008/4/8	世界分散（株式）
	らくちんファンド	2008/4/24	世界分散（株式）
	コドモファンド	2013/4/15	世界分散（株式）
コモンズ投信 03-3221-8730	コモンズ30ファンド	2009/1/19	日本株式
さわかみ投信 03-5226-7980	さわかみファンド	1999/8/24	日本株式
セゾン投信 03-3988-8668	セゾン・バンガード・グローバルバランスファンド	2007/3/15	世界分散（株および債券）
	セゾン資産形成の達人ファンド	2007/3/15	世界分散（株式）
ユニオン投信 0263-38-0725	ユニオンファンド	2008/10/20	世界分散（株式）
レオス・キャピタルワークス 03-6266-0123	ひふみ投信	2008/10/1	日本株式

※組み入れファンドや運用管理費用などは変更されることがありますので、
詳細は直接投資信託会社へお問い合わせください

既存金融業界の常識では、投資信託の買い手、つまり投資家は販売会社が募るもの、だから投資信託会社は販売会社が売りやすくかつ販売手数料が稼げるファンドをせっせと製造して卸しています。

ところが、そうすると長期投資でじっくり資産を育てるといったまじめなお金を集めることができません。つまり長期投資を誠実に実践していこうと運用側が考えたとしても、販売側はファンドを売ることだけが目的なので、どうしてもビジネスのベクトルがかみあわないのです。

そこで、前述した8社は、銀行や証券会社など販売金融機関を通さずに販売することによって、長期投資向きの、投資信託を販売できる環境を、皆で力を合わせて作ろうとしています。

ただ、8社もあるとはいえ、比較的、投資信託の運用を開始してから日が浅いこと、宣伝活動などが行なえないことなどもあり、集まってくる資産はまだまだ小さい発展途上の会社ばかりです。それでも長らく参入障壁の高さから既存金融業界側の論理と都合で業界全体が支配されて来た我が国の金融業界において、そのアンチテーゼとも言える独立系直販投資信託会社がひとつのカテゴリーとして成長しつつあることは大きな変革の始まりであり、日本の投資信託を少しでも良いものにするためにも、一社、一社がもっと残高を積み上げて、新しい投資信託の成功モデルを、世に示していく必要があると思います。

実際に資産の管理や保管、売買などを行なう「受託銀行」

通常は信託業務を行なう銀行のことで、個人の方にはあまりなじみがないかもしれませんが、「○×信託銀行」などと名前に信託がついている銀行がこの業務を行なっていることが多いです。

投資信託が購入した株や債券などの有価証券（信託財産）はここで、保管・管理されますので、万が一、投資信託会社や、販売金融機関が業績が悪化……といった場合でも、投資信託の資金は全額保護されます。また、受託銀行が倒産してしまっても、受託銀行自体の、資産とも分別して管理されるしくみになっているため、原則は全額保護されます。

また投資信託会社の指図で証券の売買を実際に行なったり、預かっている信託財産の計算などの作業をします。受託銀行は、こういった作業などの見返りに、運用管理費用の一部を受託者報酬として受け取っています。

長期運用するほど負担が重くなるコスト、「運用管理費用」とは

投資信託につきもののコスト。購入時手数料と並び、もうひとつの大きなコスト、「運用管理費用」について、説明していきましょう。

運用管理費用というのは、投資信託を運用する投資信託会社、投資信託の資産を管理する受託銀行、そして販売金融機関の3社が受け取ることのできる報酬です。この、販売金融機関が受け取る分が、本章の冒頭でも触れました、「代行手数料」と呼ばれているものです。

運用管理費用は、まさに投資信託会社にとっての「食い扶持」です。これは、年率はだいたい0・5〜3％程度で、それが投資信託の信託財産から日々、差し引かれていきます。

信託財産というのは、皆さんが保有している投資信託に組み入れられている株式や債券などの組入資産を指しています。

たとえば、運用管理費用率が年1％だとしましょう。信託財産の現在額がいくらなのかを示すのが「純資産残高」ですが、仮にその額が100億円だとしたら、1年で1億円の運用管理費用が、ファンドの運用・管理に関わっている関係各社の懐に入ることになります。

ちなみに運用管理費用は、1年間分をまとめて、1年のうちのどこかの段階で信託財産から差し引くのではなく、日々、信託財産から差し引かれるようになっています。たとえば1年間の運用管理費用率が1％だとしたら、1日あたりの料率は0・0027％ということになります。

運用管理費用率は高いほど良いのか、という疑問をお持ちの方もいらっしゃるでしょう。「より高いコストを払っているのだから、より良いサービスを受けられて当然」と思うのは、自然だと思います。

図3-3　運用管理費用が高いファンド＝高収益ファンドではない！

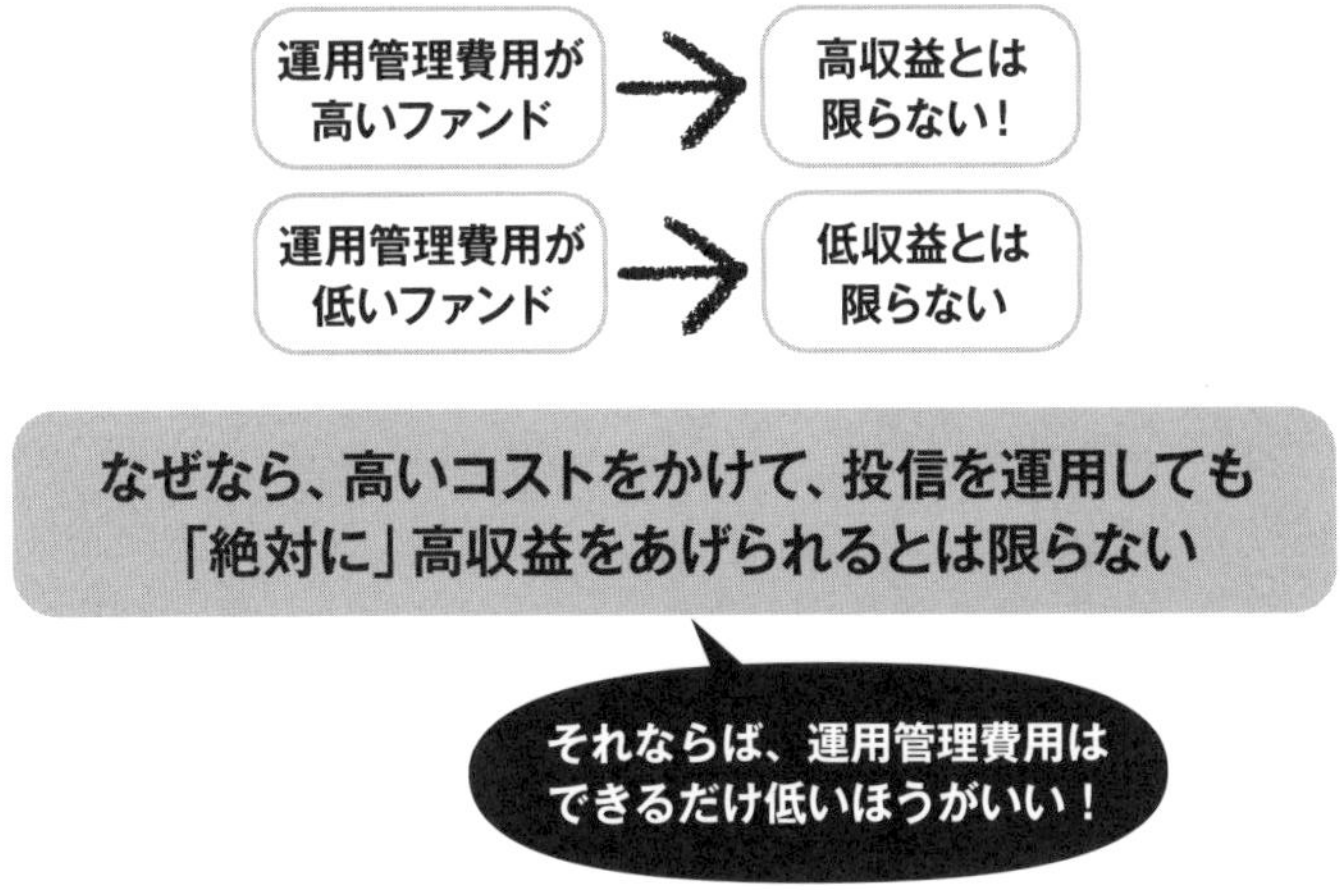

でも、それは投資信託には全く通用しません。

　投資信託にとっての一番のサービスは、やはりきちっとした運用成績を、ファンドの保有者に提供することだと思います。しかし、**運用管理費用率の高いファンドが、常に高い運用実績をあげることができるという保証は、どこにもありません。**なぜなら、投資信託の運用先が、株式市場や債券市場などのマーケットだからです。マーケットの行方が将来、どうなるのかということを、事前に把握できるファンドマネジャーなど、絶対に存在しません。未来は誰にも予測できないのです。

　また、高価な報酬を支払って、世界でも有名な、極めて優秀な能力を持った運用者を雇ったり、非常に高価な運用システムを導入したりしても、それが高い運用成績を保証するものではありません。どんなに優秀なファンドマネジャーでも、常にトップクラスの運用成績を維持できる人はいないものです。

高価な運用システムも、昔、**ノーベル経済学賞を受賞した人たちが中心となって構築した運用システムを持つヘッジファンドが、通貨危機の影響で破綻した**ことからも、常に勝てるものではないということが、想像できると思います。

優れた運用者、優れた運用システムに高額な資金をつぎ込めば必ず勝てる、という保証があるならば、そのコスト負担のために、運用管理費用率を高く設定した投資信託があったとしても、それは容認できます。

でも、現実は、いくらそのようなものに高いコストを払ったとしても、必ず優秀な成績を出せるとは限りません。だから、**運用管理費用率の高い投資信託が、必ず優秀であるとはいえないのです。**

ただ、そうなると、高い運用管理費用は何の意味があるのかという疑問が浮かんでくるでしょう。

はっきり申し上げます。**投資信託の保有者にとって、高い運用管理費用率は、「百害あって一利なし」です。**

では、どうして高い運用管理費用率がまかり通っているのか。それは、投資信託会社が販売金融機関から「高い代行手数料が入らないと売ってあげないよ」という無言の圧力を受けているからです。

欲張りな販売金融機関は、前述したように、何の意味もない購入時手数料をごっそりもらうだけでは満足せず、投資信託の運用管理費用からも、その一部を「代行手数料」という形で取っているのです。

もちろん、償還金の払い戻しに応じたり、あるいは分配金の支払い手続きをしたりするのは、基本的に販売金融機関ですから、代行手数料を取るのは、それなりに意味があります。しかし、問題はどのくらいの料率をとっているのかということです。

これは、投資信託を購入する際に渡される目論見書を読むと、運用管理費用の割合が記載されているので、それをチェックしてみてください。投資信託会社、受託銀行の運用管理費用率、そして販売金融機関の代行手数料の料率が、それぞれ明記されています。

それを見ると、不思議なことに、販売金融機関の代行手数料が、投資信託会社の受け取る運用管理費用と同じか、もしくはそれよりも高いということすらあるのです。

投資信託の運用で一番苦労するのは、投資信託会社です。そうであるのにもかかわらず、なぜか販売金融機関が受け取る報酬のほうが、投資信託会社が受け取る報酬よりも高かったりするのです。これは、本当におかしな話です。恐らく、この理由を合理的に説明できる販売金融機関はないでしょう。

ましてや、前述したように、販売手数料を取らない「ノーロード」ファンドに至っては、わ

図3-4　1%違うと長期投資では大きな違いに！

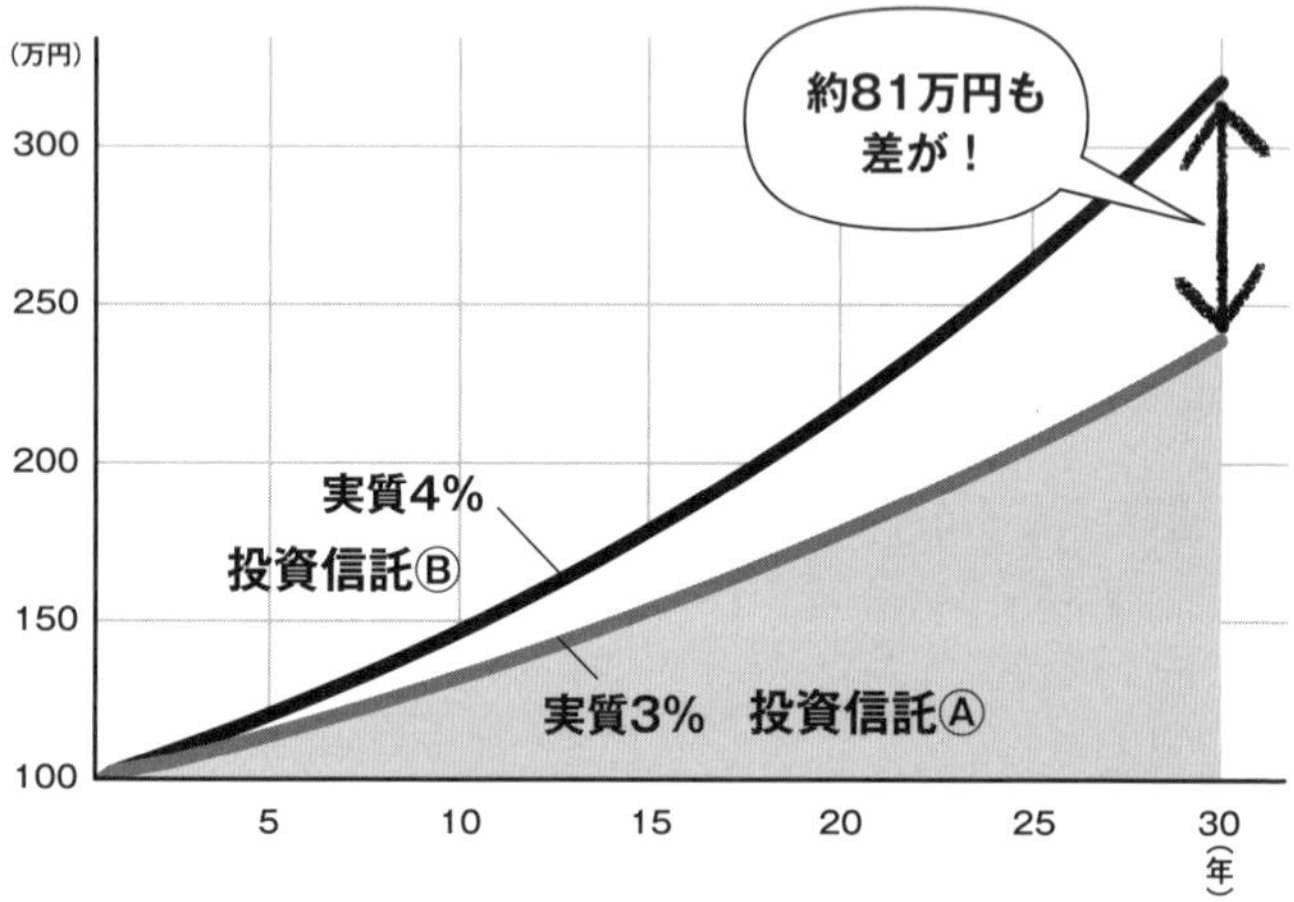

ざわざ代行手数料分を手厚くすることによって、販売手数料が取れない分をカバーしている投資信託もあります。

こうした事実からも、**高い運用管理費用には何の意味もない**と断言できるのです。

運用管理費用率が高いからといって、優良なサービスが受けられるという保証はどこにもなく、しかも運用には何の関係もない販売金融機関の取り分が多いために、運用管理費用率が跳ね上がってしまうのです。そうである以上、運用管理費用が高い投資信託をわざわざ選ぶ必要はありません。

そもそも投資信託を用いて長期投資をする場合、高い運用管理費用率は最終的な手取り収益に大きな影響を及ぼします。

簡単に比較してみましょう。

たとえば、年5％のリターンが期待できる2

つの投資信託があったとします。投資信託Ⓐの運用管理費用率は2％、投資信託Ⓑのそれは1％だとしましょう。そして、手持ちの100万円を30年間運用します。この場合、30年後にそれぞれの資産総額が、税引き前でどのくらいになるのかを計算すると、次のようになります。

投資信託Ⓐ＝242万7262円
投資信託Ⓑ＝324万3398円

どうですか。わずかに年1％の差しかないのに、30年間も運用を続けると、**資産総額に約81万円以上の差**が生じてしまうのです。

よく、運用管理費用率の高低については、次のようなことを言う方がいます。

「別に年2％の運用管理費用率でも、運用が好調で年30％のリターンが得られれば、1％程度の差に目くじらを立てる必要はどこにもない」

確かに、年30％ものリターンが確実に得られるのであれば、1％の差などは大したことはないのかもしれません。

でも、長期で常に30％のリターンが得られる保証はどこにもありません。1年で30％ものリターンが得られるようなファンドというのは、基本的に非常に高いリスクを取って運用していると考えることができます。場合によっては、マイナス30％になることもあるということです。もしリターンが大きく下がったときも1％の差は大したことがないと、胸を張って言えるでしょうか。

この本の目標である年7％のリターンを狙うというのであれば、運用管理費用の1％の差というのは、非常に大きくなります。

これは、多くのファンドマネジャーが口を揃えておっしゃるのですが、**運用でリターンを1％向上させるためには、それはもう血のにじむような努力が必要だということです。しかし、コストを1％削るというのは、買うときにコストを見て投資信託さえ選べば誰にでもできることです。**

だからこそ、投資信託を選ぶときには、きちっと運用管理費用を比較して、少しでもコストの低いファンドを選ぶことが大切なのです。

「信託財産留保額」はコストであってコストではない

では次に売却時にかかる手数料を見ていきましょう。

基本的に投資信託は、購入する際に購入時手数料が取られますが、「解約手数料」を取るものはごく少数です。

数少ない例外としては、長期公社債投信という公社債型投資信託で、これは解約する際、元本1万口につき、消費税込み2・1円から最大105円の解約手数料が取られます。一時は人気商品だった長期公社債投信ですが、最近は日本の金利低下によって、リターンが期待しにくくなったことから、個人投資家の人気もほとんどありません。

現時点で解約手数料を取る投資信託は、このようなタイプのみですが、そういうと、「いや、解約時に信託財産留保額という手数料を取るファンドが結構あるんだけど……」という反論が返ってきそうです。

確かに売却時にかかる手数料として「信託財産留保額」というものがありますが、厳密に言うと、信託財産留保額は手数料ではありません。購入時手数料や解約手数料などの手数料は、すべて販売金融機関がもらうという類のものです。つまり、投資信託の保有者は損をし、販売金融機関は得をするという構図です。

これに対して信託財産留保額は、販売金融機関がもらうものではありません。もし、あなたが投資信託を解約し、その際に取られた信託財産留保額は、あなたが解約した後も投資信託を保有し続ける投資家に残されるのです。

もう少し具体的に説明しましょう。

あなたが保有している投資信託を解約しようとします。実際に、解約注文を出して、それが執行されました。「この投資信託を100口分解約してください」というオーダーが、販売金融機関から投資信託会社に伝えられます。すると投資信託会社は投資信託に組み入れられている株式や債券などの一部を市場で売却し、100口分の解約に必要な現金を作ります。投資信託に組み入れられた株式や債券を売却するにあたって、投資信託会社は、その注文を証券会社に出します。当然、そこで証券会社は、投資信託会社から来た売却注文を取引所につなぐわけですが、ここでいくばくかの手数料が発生します。

問題は、その手数料を誰が負担するのか、ということです。

投資信託では、組入資産の売買にかかったコストは、信託財産から支払うことになっています。つまり、投資信託に解約が生じて、信託財産の一部を現金化する際に必要なコストは、解約を申し出た投資家ではなく、現時点でファンドを保有している人たちが負担することになってしまいます。

自分の都合で投資信託から出ていく人ではなく、投資信託に残っている人がコストを負担するというのは、お互い様という面はあるにせよ、どうも釈然としません。**そこで投資信託から出ていく人にも、解約にかかったコストを負担してもらおうということで設けられたのが、信託財産留保額という制度なのです。**

そのため、信託財産留保額は販売金融機関が受け取っているのではありません。投資信託を解約した元投資家から徴収したものを、投資信託の信託財産に残しておくのです。

だから、自分も解約する際にはもちろん払うけれども、投資信託を保有している間は、他の人が解約したことで受け取っている面もありますから、有利か不利かというと、そのどちらでもない、中立要因といっても良いでしょう。

とはいえ、やはり表層的に見れば、投資家にとっては「コストのようなもの」と感じるのは事実のようで、これが、投資信託の解約を抑える力として作用するのは事実のようです。だいたい普通は解約代金に対して0・3％程度というように、信託財産留保額の料率は極めて低いものですが、その存在に気がつくと、誰もやはり負担したいと思わないからなのでしょう。

信託財産留保額を、全く取らない投資信託もあります。したがって、これは投資信託を運用している投資信託会社の、投資信託に対する哲学というか、スタンスというものが表れるといっても良いでしょう。

もちろん、信託財産留保額をたくさん徴収する投資信託をたくさん運用しているとしても、その投資信託会社は悪いなどと断言することはできません。信託財産留保額は、お互いに負担しあうものですし、何よりも販売金融機関に落ちる類のコストではないので、個人的には、存在していたとしても、それは決して悪いことではないと考えています。

「基準価額」が低くても、割高な投資信託とはどんなものなのか

さてここからは、見慣れない言葉が多い、投資信託用語を説明していきます。

まず今、この投資信託をいくらで購入できるのか、あるいは解約するといくらになるのか、

ということを示すのが、「基準価額《きじゅんかがく》」です。

基準価額は、投資信託が今、いくらなのかということを示す数字で、株式でいうところの「株価」のようなもの、とイメージしていただいても良いでしょう。ただ、株価と決定的に異なる点があります。それは、株価がマーケットの動向によって時々刻々と動いていくものであるのに対し、投資信託の基準価額はそこまでリアルには変動しません。日本の投信の場合は毎日1回、市場が終了した、午後3時以降に基準価額が分かります。

株価は、株式市場の取引に参加している市場参加者の需給バランスによって決まります。つまり、株式の買い手が多ければ値上がりし、逆に売り手が多ければ値下がりします。

これに対して、**投資信託の基準価額は、需給バランスで決まるわけではありません。ファンドに組み入れられている株式や債券の時価総額によって決まります。**時価総額は「株価×発行済み株式数」という計算式で求められますから、結果的に基準価額は、株価や債券価格の動向に左右されます。あくまでもマーケットの価格動向を受けて決定されますが、ファンド自体の買い手、売り手のバランスで決まるわけではありません。これが、株価と基準価額の大きな違いです。

基準価額がどうして株価のように、時々刻々、リアルタイムで変動しないのか、というと、まさに計算が煩雑であるためです。投資信託に組み入れられているたくさんの株式、債券、その他の資産の時価総額を弾き出し、それを受益権1口あたりの価格に引き直して計算していますから、どうしても今のマーケット動向をすべてリアルタイムで反映した基準価額を算出するのが、難しいのです。

そのうえ、海外市場に投資している投資信託もあり、そこには時差の問題も生じてきます。米国のマーケットなどは、日本の取引時間中には夜中で動いていないこともあります。ですから、米国株に投資する投資信託の基準価額を、日本の取引時間中にリアルタイムで動かすことはできません。

したがって、投資信託の購入・解約注文を出した時点では、いくらで買えたのか、または売れたのかは分かりません。たとえば、午前9時に、日本株に投資する投資信託を購入した場合でも、いくらで買えたのかが分かるのは、その日の株式市場での取引が終了してからの、午後3時以降になります。

時々、この点を指摘して、「投資信託は価格の透明性に乏しい」という方もいらっしゃいますが、それは違います。もちろん、デイトレードをしているような方であれば、リアルタイムの価格動向はとても重要でしょう。

しかし、投資信託はデイトレードのような短期売買の対象となるような金融商品ではありません。あくまでも長期保有を前提にしたものですから、午前中に買い注文を出した後で株価が動いたとしても、長期的に見れば、それは誤差の範囲と考えることができます。そもそも短期トレードをするわけではありませんから、時々刻々と基準価額を変動させる必要もないのです。

ところで、投資信託の基準価額についてはもうひとつ大きな誤解があります。

多くの投資信託は、設定時点の基準価額が1万円からスタートします。その後、投資信託に組み入れられている資産が下落し、たとえば4000円になったとしましょう。当初、1万円だったものが4000円に値下がりすると、やはり何となく割安感を感じる方も多いことでしょう。

でも、**基準価額の場合、いくら安い水準になっていたとしても、それは割安感を意味するものではない**という点に注意する必要があります。

割安かどうかというのは、何か比較対象があって初めて、それに比べて今の価格が割安か、割高かの判断が下されます。たとえば株式の場合、PERという株価指標がありますが、これは「株価収益率」と言われるように、企業収益に対して、今の株価が割高か割安かを判断するためのものです。

ところが投資信託の基準価額は、あくまでも投資信託に組み入れられている資産の時価総額がベースになっているだけですから、割高、割安を判断するための比較対象が、存在していません。株価水準が安いのにもかかわらず、その企業の収益や純資産から見て割高と判断される銘柄ばかりが組み入れられていたとしたら、基準価額の水準がいくら安かったとしても、それは割安のポートフォリオであるとは言えません。そう、もし投資信託の基準価額が割安か、そ

図3-5 基準価額の額面だけでは「割安」かどうかは分からない！

株式投信の場合

割高な投信

基準価額

7000円

中身は

割高な株が多い

（PERが高い株が大半を占めている）

割安な投信

基準価額

1万2000円

中身は

割安な株が多い

（PERが低い株が大半を占めている）

↓

基準価額の額面だけでは、割安かどうかは分からない！

れとも割高かということを判断するのであれば、投資信託に組み入れられている個別銘柄のＰＥＲやＰＢＲをひとつひとつ計算したうえで、比較検討するという作業が必要になります。

逆に、これも日本の投資信託によく見られる傾向ですが、基準価額が1万円を大きく超えてくると、急に資金流入が細ってしまいます。なぜなら、たとえば1万８０００円、２万円という基準価額を見ると、それだけで「割高だから買わない」とおっしゃるお客様が増えてくるからなのだそうです。

でも、これも誤解なのです。そこがなかなか分かりにくいということもあり、投資信託会社のなかには、受益権分割を行なうことによって、１口あたりの基準価額を下げるという、涙ぐましい努力をしているところもあります。

つまり、**投資信託の基準価額は、その水準のみで割高か割安かを判断することができない**のですが、基本的に投資信託の運用を行なっているファンドマネジャーは、組入銘柄のなかで割高になった銘柄は売却し、割安で将来有望な銘柄と入れ替えるようなポートフォリオ操作を絶えず行なっていますから、いくら基準価額が1万８０００円、２万円というように上がっていたとしても、ポートフォリオ全体は決して割高になっているわけではないのです。

基準価額を見る場合は、その水準の高低は割高、割安とはほとんど関係がないということを頭に入れておいてください。

アクティブ運用VSインデックス運用

投資信託の運用スタイルというのは大きく分けて、インデックス運用とアクティブ運用に二分されます。

何が違うのか、ということですが、**インデックス運用はあくまでも市場平均への連動を目指す運用を行なうもので、アクティブ運用は市場平均プラスアルファの運用成績を目指して運用されます。**

言い方を変えると、インデックス運用は偏差値50を目指します。つまり、最初から平均点を狙って運用されます。負けない、競わない、市場の波に乗る運用が、インデックス運用です。

これに対してアクティブ運用は、「ベンチマーク」と呼ばれる目標値を設定し、それに勝つような運用を目指します。ベンチマークというのは、たとえば日本株式で運用するアクティブ運用のファンドだったら、日経平均株価や東証株価指数（ＴＯＰＩＸ）などが、それに該当します。そして、たとえば日経平均株価が10％値上がりしたとしたら、それを１％でも、２％でも上回るように運用します。ベンチマークを競争相手にして、それに勝つかどうかを競うのです。

逆に、投資信託の運用成績がマイナスになったとしても、ベンチマークのマイナス幅よりも小さく抑えることができれば、それはアクティブ運用のファンドマネジャーとしては高く評価

図3-6 アクティブ運用とインデックス運用のイメージ図

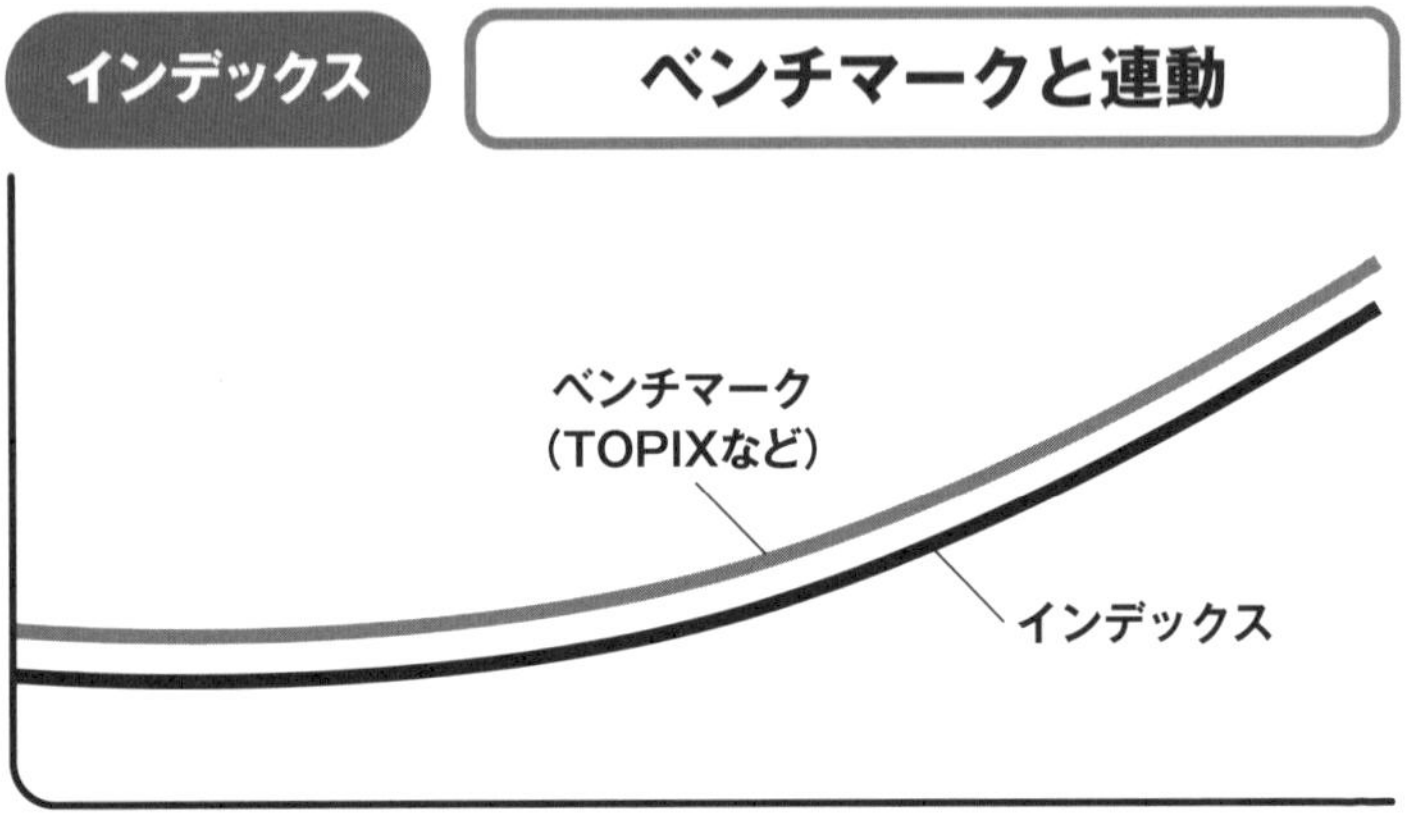

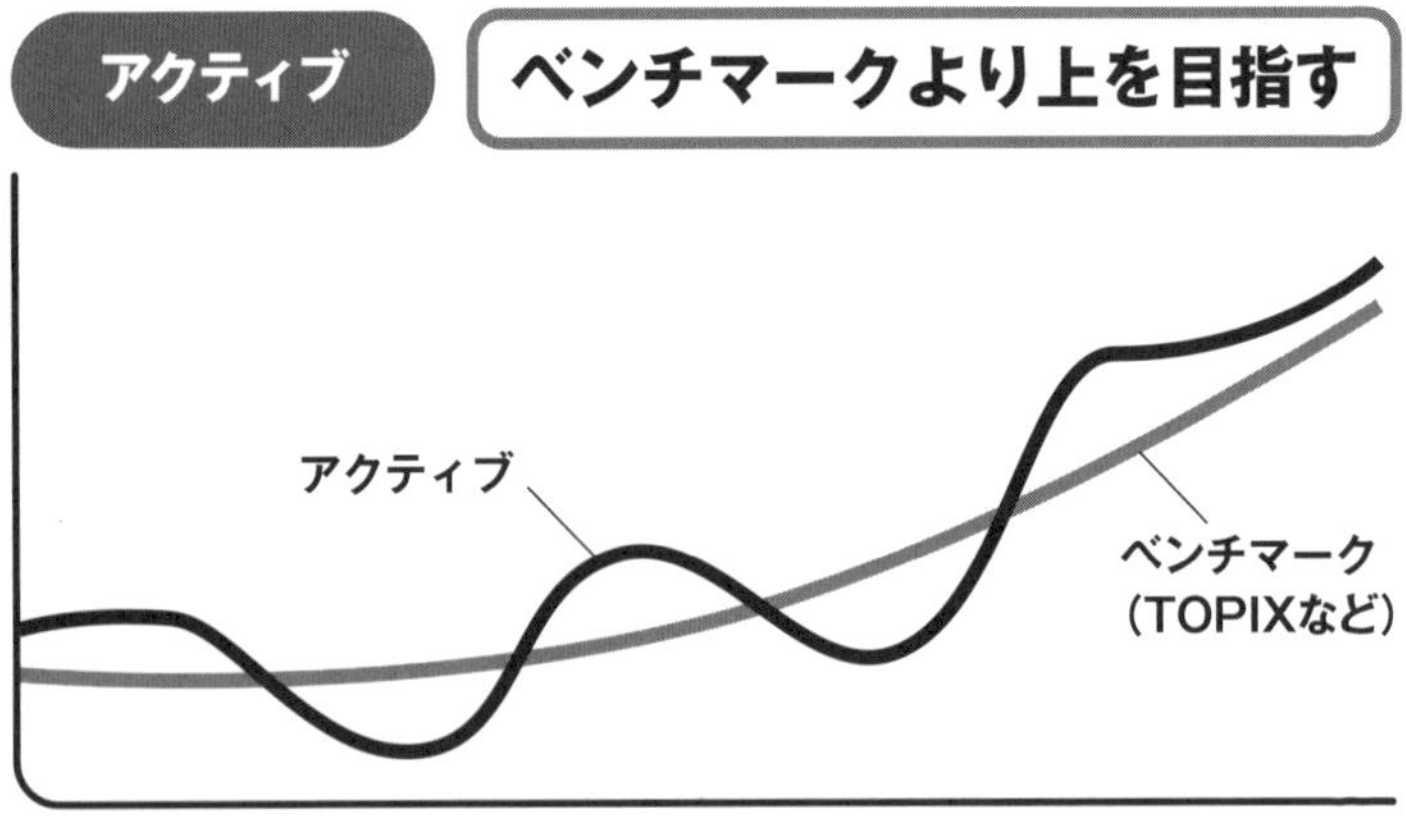

図3-7 インデックス運用とアクティブ運用の主なメリットvsデメリット

	メリット	デメリット
インデックス	コストが安い	市場平均を超えるパフォーマンスは期待できない
アクティブ	市場平均を大きく超えるパフォーマンスが期待できる	コストがインデックスと比べて高い

↓

組み合わせれば「いいとこ取り」ができる！

されます。

さて、インデックス運用とアクティブ運用のどちらが有利なのでしょうか。これについてはさまざまな議論がありますが、**長期的なリターンを見る限り、インデックス運用に分がありま す。つまり長期投資を行なう場合、アクティブ運用はインデックス運用に勝つのが難しいということです。**

しかし、セゾン投信では、実はインデックス運用とアクティブ運用の2つのファンドを並存させて運用しています。これは、どちらが良いという問題ではなく、両方ともそれぞれに良い面、悪い面があるからです。

インデックス運用の場合、平均点を取る「負けない」運用は可能なのですが、市場平均を大きく超えるリターンを得ることはできません。しかもセゾン投信が運用しているインデックスファンドの『セゾン・バンガード・グローバルバランスファンド』は、株式と債券を50：50の比率で組み合わせるバランス型のスタイルを取っています。

基本的に景気が良いときは株価が上昇しますが、景気が後退局面にあるときは、株価が下がる反面、債券価格は金利の低下を受けて値上がりします。つまり、株式と債券を組み合わせることによって、景気が良いときと悪いときとで運用成績が大きくばらつくのを避ける運用を行なっているのです。それはそれで、リスクを抑えた運用ができるのですが、景気の良いときに、積極的にリターンを狙うことができません。

そこで、株価が上昇する局面で、少しでも大きなリターンが取れるようにと考え、アクティブ運用型のファンドである『セゾン資産形成の達人ファンド』を運用しているのです。

したがって、インデックス運用とアクティブ運用のどちらを選ぶか、という二者択一ではなく、両者を組み合わせて運用すればよいのです。

「コア・サテライト」戦略でより大きなリターンを狙う

「コア・サテライト」戦略というのは、長期的に平均点を取ることのできるインデックス運用をポートフォリオのコア（核）とし、より大きなリターンを狙うことができるアクティブ運用をサテライトにして組み合わせる運用方法です。

図3-8 コア・サテライト戦略の考え方

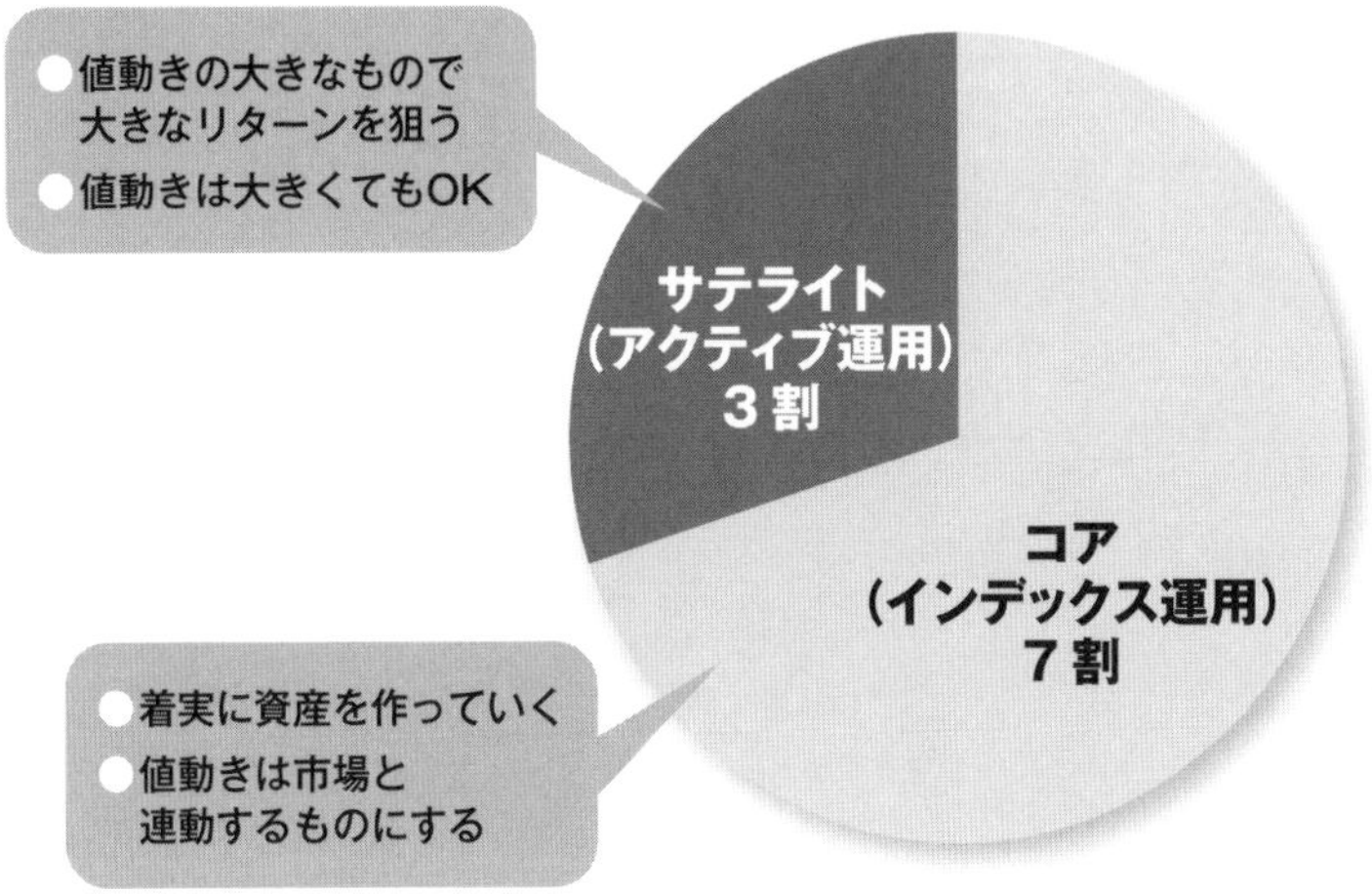
●値動きの大きなもので大きなリターンを狙う
●値動きは大きくてもOK
サテライト（アクティブ運用）3割
コア（インデックス運用）7割
●着実に資産を作っていく
●値動きは市場と連動するものにする

もちろん、両者の投資配分比率としては、コアをメインにし、サテライトはあくまでも付け合わせ的な扱いで組み合わせるようにします。具体的に言えば、コア7割に対して、サテライト3割というイメージでしょうか。

ここまで読まれた読者の中には、「でも、より大きなリターンが狙えるならば、アクティブ運用の比率を高くしたほうが良いのではないか」という疑問が浮かんでくるのではないでしょうか。いや、どうせ高いリターンが期待できるならば、いっそのことアクティブ運用だけで十分と思っていらっしゃるかもしれません。

でも、アクティブ運用の場合、確かに運用が上手くいけば、平均点を大きく超えるリターンが期待できますが、場合によっては運用に失敗してしまい、平均点を下回るリターンしか得られないケースもあります。つまり、常に平均点を目指すインデックス運用に比べて、運用成績のブレが大きいのです。子供の頃、学校のテストで、とても良い点を取る場合もあれば、それこそ0点に近い悪い点しか取れない場合もあるというように、点数にムラのある友達がいませんでしたか？

アクティブ運用というのは、まさにそれと同じ状態に陥るケースがあるのです。

正直、これではハラハラドキドキしてしまいますよね。「長期投資はつまらないものだ」と言われますが、逆に長期投資で常にハラハラドキドキしていたら、自分の身が持たなくなってしまいます。ストレスだって相当溜まるでしょう。これでは、長期投資をするつもりだったのに、長続きしなくなってしまいます。

だからこそ、**長期投資は常に平均点で十分だと割り切る必要があるのです。**そして、そのために便利なツールが、インデックス運用のファンドなのです。

けれど人生もそうですが、ときにはちょっとしたハラハラドキドキがあったほうが、刺激があって面白いものです。だから、資産のちょっとした部分については、アクティブ運用のファンドを組み合わせて、資産運用にちょっとしたいろどりを添えるようにします。

だから、私はインデックス運用かアクティブ運用かの二者択一ではなく、両方を組み合わせた運用をおすすめしているのです。

「ファンド・オブ・ファンズ」のしくみと注意点とは

投資信託は、基本的に株式や債券などを組み入れて運用しますが、なかには「ファンド・オブ・ファンズ」といって、株式や債券の代わりに、さまざまな投資信託を組み入れて運用するタイプの投資信託があります。さまざまな投資信託を組み入れて運用するファンドなので、「ファンド・オブ・ファンズ」という名称が付けられています。

ファンド・オブ・ファンズという形態は、実は極めて理にかなった、素晴らしいしくみです。

セゾン投信が運用している『セゾン・バンガード・グローバルバランスファンド』も、『セゾン資産形成の達人ファンド』も、両方ともファンド・オブ・ファンズの形式で運用しています し、独立系直販投資信託会社が運用している投資信託も、多くはこの形式を採っています。

ファンド・オブ・ファンズの魅力は、何といっても高い分散投資効果が期待できることです。

たとえば、100銘柄に分散投資している投資信託を購入した場合、100銘柄に分散投資しているのと同じ投資効果が得られるわけですが、ファンド・オブ・ファンズは、このようにたくさんの銘柄に分散投資しているファンドに分散投資しますから、さらに分散投資効果は高まります。**仮に、100銘柄を組み入れて運用している投資信託5本に分散投資しているファンド・オブ・ファンズなら1本購入するだけで500銘柄に分散投資しているのと同じ投資効**

果が得られるのです。

また、コストの面でも有効です。たとえば非常に規模の大きな運用会社であれば、自社で米国や欧州、アジアなどに拠点を置き、スタッフも常駐させてリサーチを行ない、ファンドを運用するということもできますが、それを実現させるためには、莫大な経費がかかります。もちろん、たくさんのファンドを運用し、年金の運用も行ない、規模を追求するために銀行や証券会社などの販売金融機関を通じてどんどんファンドを売ってもらう、というようにすれば、そういう体制を敷くことも可能ですが、それは私が考える投資信託のあり方とは、相容れないものです。なんでもかんでも自社で抱え込むと、どうしてもコストが割高になるので、無理な販売を行なってしまいがちですし、それは結局のところ、ファンドを買ってくださっているお客様のためになりません。だから、たとえば欧州のポートフォリオでとても優秀な運用を行なっている運用会社があったら、そこのファンドを組み入れる。米国やアジアについても同じように、優秀な運用会社のファンドを組み入れるというようにしてファンド・オブ・ファンズを組成するというのは、実に理にかなったものだと思うのです。

ただし、ファンド・オブ・ファンズには、マイナス面もあります。

これはよく指摘されるのですが、手数料の二重取りになっているのではないかということです。

確かに、投資信託を組み入れて運用する投資信託ですから、運用管理費用などが二重取りになるというイメージがつきまとうのは当然でしょう。ファンド・オブ・ファンズの運用で運用

図3-9 ファンド・オブ・ファンズのしくみと注意点

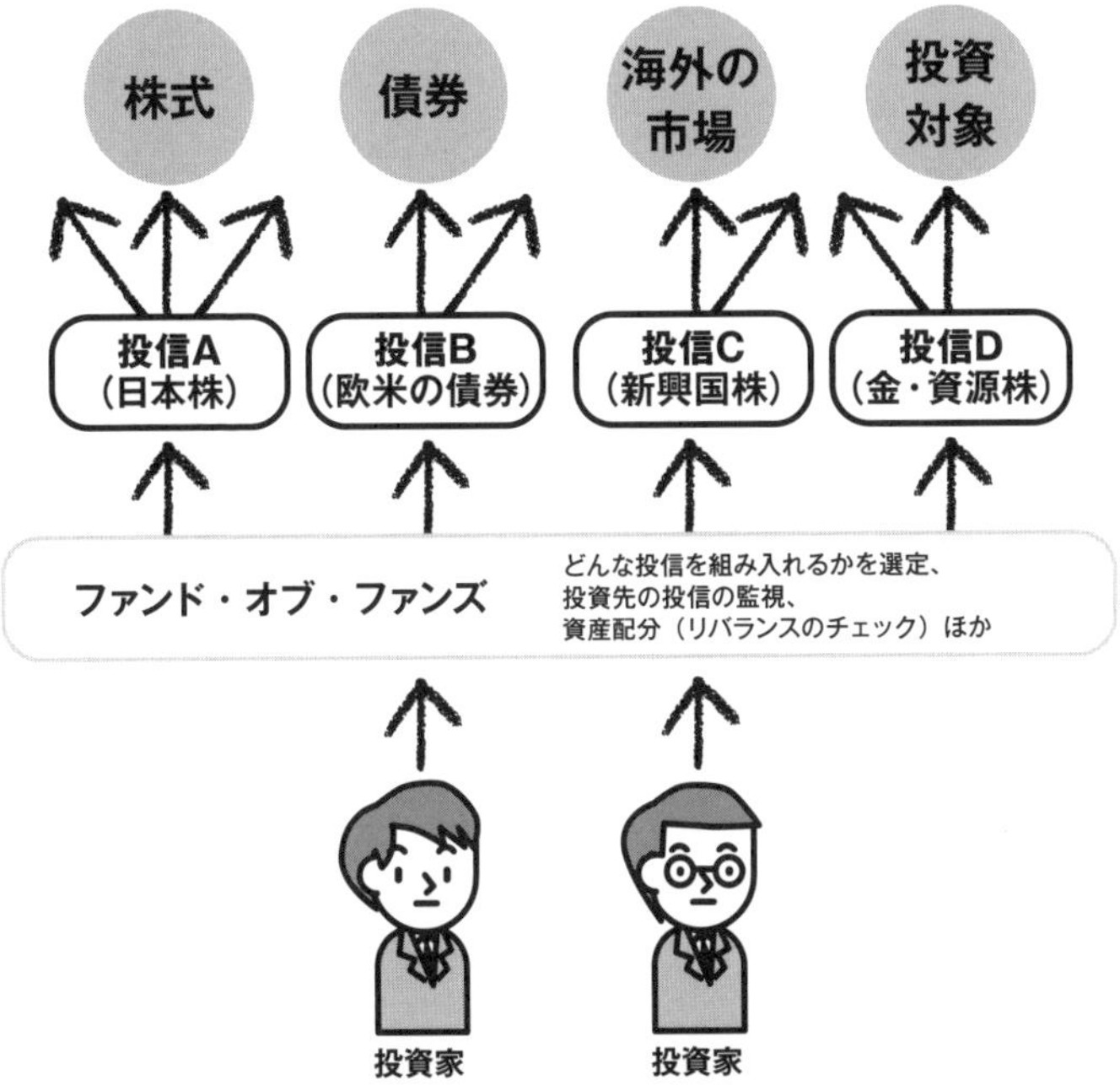

注意点	どうすればいい？
運用管理費用が高いものがある ・コストが2重にかかるため運用管理費用が高め	**運用管理費用は低いものもあるので、他と比較する**
中身に意味がないものがある ・中身がTOPIXと変わらない日本株のファンド・オブ・ファンズ ・成績の良くないファンドを系列会社だから組み入れているなど	**どんなファンドを組み入れているのかを知る**

管理費用が取られ、さらに投資先のファンドでも運用管理費用が取られるという構造です。

でも、これはよく運用管理費用率を比較していただきたいと思います。なかには、さまざまな投資信託に投資していながら、運用管理費用率をかなり低めに設定しているものもあるのです。**ファンド・オブ・ファンズを購入するのであれば、このように運用管理費用率を無意味に割高に設定していないものを見つけることが大切です。**

そして、もうひとつ注意しなければならないのが、全く意味のない分散投資を行なっているファンド・オブ・ファンズがあるということです。

たとえば、ファンド・オブ・ファンズのしくみが認められた当初、ある大手投資信託会社が設定・運用していたのは、複数の日本株ファンドに分散投資するというものでした。同じ資産クラスで（日本株だけ、また外国債券だけ、など）運用する場合、運用方針や運用能力の違いによって得られる分散投資効果は、極めて微細なものです。つまり、ファンド・オブ・ファンズの意味がないということになります。

また、あまりにも多数の投資信託に分散してしまい、これらの投資信託に分散している理由が全く不明になってしまっているようなものもあります。こうなると、もうどこで分散投資効果を計測しているのかも分かりません。確かに、ファンド・オブ・ファンズは分散投資効果をより高いものにするという狙いで運用されていますが、意味不明の分散をしているようなものには注意したほうが良いでしょう。

きちっと運用しているファンド・オブ・ファンズは、投資先となるファンドの運用状況を常時、モニタリングして、成績が振るわなくなった投資信託があったら、他のもっと優秀なファンドと入れ替えも行なっています。適宜、こうした見直しが行なわれているのかどうか、その入れ替えの理由が、投資家本位で、かつ合理的なものかどうかということも、ファンド・オブ・ファンズを選ぶ際の選択基準になってきます。

4章

投資信託はこの9本から選びなさい

日本国内で設定・運用されている投資信託の数は3376本

セミナーや勉強会の場でお話をさせていただくと、必ずといって良いほど出てくる質問が「投資信託ってどうやって選べば良いのか分からない」ということです。

ここには、実は2つの意味が隠されているのではないかと、最近、私はよく思うようになりました。

ひとつは、投資信託という投資商品に初めて触れるという方の場合。ともかく何も分からないというケースです。投資信託を買うにはどこに行けば良いのか、株式とは何が違うのか、そもそも投資信託ってどういう商品なのか、というように、全く分からないから選びようがない、ということです。

もうひとつは、何となく投資信託のことは分かっているのだけれども、情報を集めていると、あまりにも種類が多すぎて、何をどう選んだら良いのかが皆目見当がつかないというケースです。

投資信託の基本については、誰でも多少「学ぶ」という意識を持てば、概略は見えてくるはずです。というのも、投資信託の基本的な商品性は、そんなに難しいものではないからです。あるいは、本書をここまでお読みくださったのであれば、投資信託に関する基本的な知識は、ほぼ備わったのではないでしょうか。したがって前者のケースは、誰でも乗り越えることができるはずです。

問題は後者のケースです。ある程度、投資信託について分かっているのに、**運用されている投資信託の本数があまりにも多いため、何を選べば良いのか分からない。**分からないから、銀行や証券会社などの販売金融機関の窓口に行って、つい「何かおすすめのファンドはありませんか？」と質問してしまう。

そんなお客様が来たら、販売金融機関の人たちは、カモがネギを背負ってやってきたと思うに違いありません。

そして、そうなったら最後、結局、販売金融機関の担当者の言いなりになって、彼らが勝手にすすめるファンドを買わされてしまいます。当然、そんな投資信託が良いわけがありませんから、そのうち運用成績が大きく下落したり、あるいは解約によって投資信託の規模が縮小し、繰上償還されてしまったりというように、いずれにしてもろくな結果に終わらないという憂き目に遭ってしまいます。こうしてまた一人、投資信託に対して不信感を抱いてしまう投資家が増えてしまうのです。

２０１３年2月末時点の、日本国内で設定・運用されている投資信託で、個人が購入できる本数は、３３７６本です。この10年ほどの間に、日本国内で設定・運用されている投資信託の本数は、増加傾向をたどっており、それは**「無駄に多い」というのが正直な感想**です。

これは、３３７６本の投資信託の純資産残高を比較すると分かるのですが、ほとんどの投資信託が１００億円未満です。そのなかでも、30億円未満という投資信託が、これまた非常に多いというのが現実です。

設定以来、少しずつ純資産残高が増えてきているものの、まだ30億円未満、というケースならまだいいのですが、最初の設定時に営業に力を入れて純資産残高が３００億円、５００億円あったのが、現状で30億円を割り込む水準にまで減少しているのだとしたら、もう投資信託の中身はスカスカのはずです。つまり、どうしようもない銘柄しか組み入れられておらず、運用成績の回復も困難という状態になっているかもしれないのです。

運用する側からしても、そんな投資信託の運用に情熱を傾けられるような、奇特なファンドマネジャーはいないでしょう。したがって、純資産残高の減少とともに、言葉は悪いのですが、遠からずしてその投資信託は運用停止、いわゆる償還という事態になります。

そう考えると、３３７６本も設定・運用されているとはいえ、そのなかで満足のいく運用が行なわれている投資信託というのは、本当に限られた本数ということになります。

そのうえ、これからご説明しますが、長期保有に適した投資信託という条件を付与してスクリーニングしていくと、さらに投資信託の本数は絞り込まれてきます。

つまり、投資信託選びというのは、一見、数が多すぎて決められないのでは、と思うかもし

図4-1 純資産残高30億円未満のファンドは過去の推移で確認する！

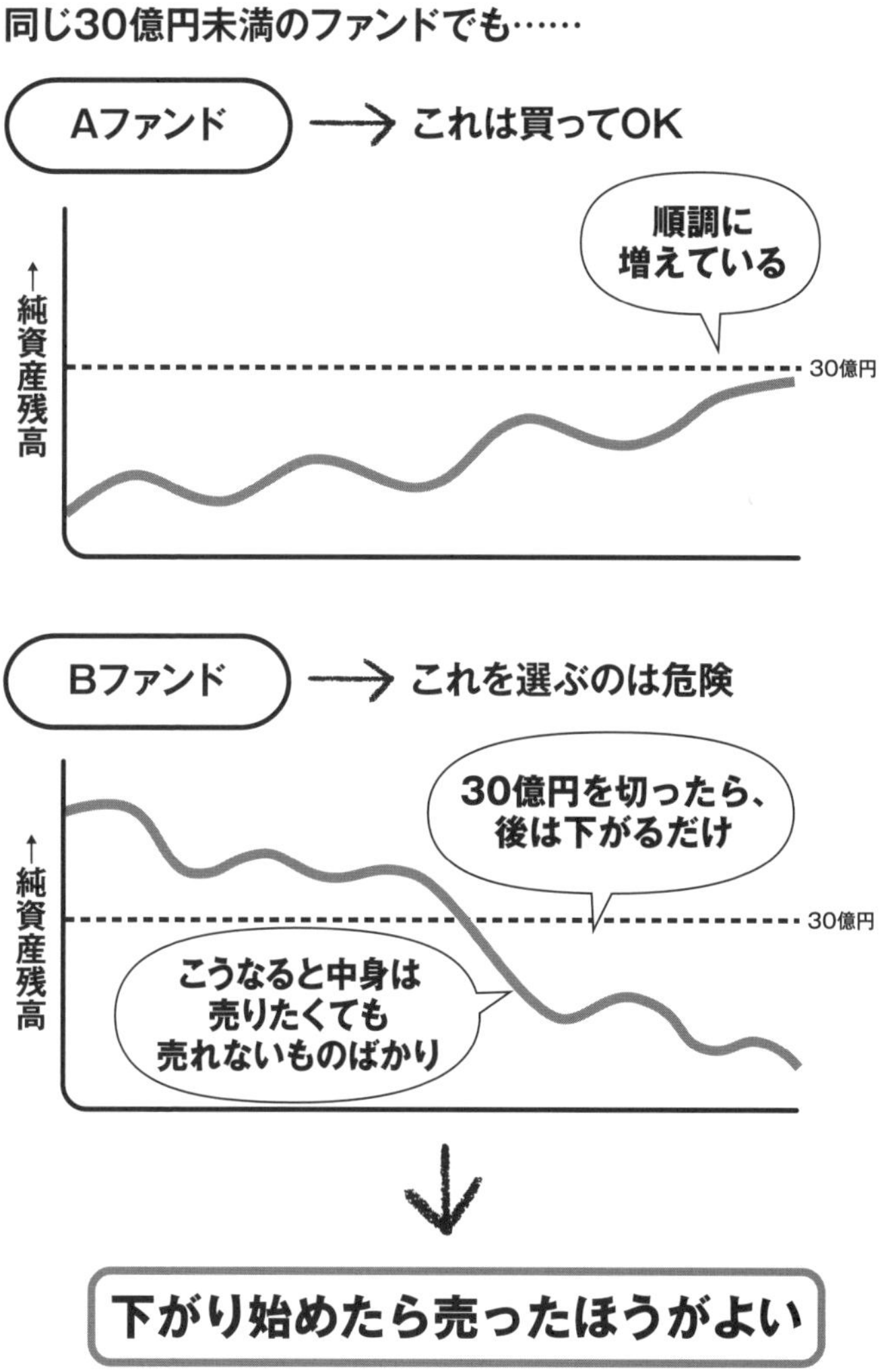
同じ30億円未満のファンドでも……
Aファンド
これは買ってOK
順調に
増えている
↑純資産残高
30億円
Bファンド
これを選ぶのは危険
30億円を切ったら、
後は下がるだけ
↑純資産残高
30億円
こうなると中身は
売りたくても
売れないものばかり
下がり始めたら売ったほうがよい

れませんが、段階を経てスクリーニングをして、さらに長期投資という観点であれば、はっきりいって10本も残らないのです。

そこで、ここでは長期投資の条件を付与したうえでスクリーニングし、長期投資を前提に買える投資信託は何かということを考えていきましょう。

信託期限は無期限のものを選ぶ

～投資信託選びの基本条件その1

まずは、基本的な事項ですが、これから投資信託で資産形成をしていこうと考えている方は、できるだけ「良い投資信託」を選びたいと思っていらっしゃるでしょう。

では、良いファンドとは、具体的にどういう投資信託を指しているのでしょうか。ここでは、私が考える「良い投資信託」の条件について、詳しく説明していきますが、まず**良い投資信託とは、「長期の資産形成に適したファンドである」**と定義したいと思います。そのうえで、良い投資信託の条件について考えていきましょう。

第一の条件は、「信託期限が無期限であること」です。

投資信託は信託期限が設けられています。私が運用の世界に入った当時は、単位型といって、追加で購入することのできない投資信託が主流を占めていました。そして、多くの投資信託は5年で償還を迎えるというのが一般的でした。5年の定期預金のようなイメージでしょうか。これは、恐らく当時、個人向け金融商品のなかでも、比較的長期の運用ができる「ワイド」や「ビッグ」といった商品が5年償還であったことから、それに合わせるということで、5年の信託期限が設定されていたのだと思います。

投資信託は、信託期限を迎えると、その時点で運用は一旦終了となり、信託財産はすべて市場で売却され、投資家が保有していた受益権の口数に応じて、償還金が支払われます。その信託期限が5年ということは、今の私が考える長期投資の定義からすれば、あまりにも短すぎるということになります。

現在、日本国内で設定・運用されている投資信託の多くは「追加型」といって、運用がスタートした後からも、自由に追加購入できるタイプが中心となっています。そのため、かつての単位型に比べると、信託期限の長いものが増えました。主に、**10年程度の投資信託が多い**と思います。

でも、ここまで読んでくださった読者の方はもうお分かりかと思いますが、10年でも決して長期とはいえません。投資信託の本場である米国には、もう70年、80年という長期にわたって運用されている投資信託があり、今も人気を集めているのです。

ですから、**長期投資に適した投資信託というのは、信託期限が無期限のもの**になります。

もちろん、信託期限が無期限だからといって、一度、その投資信託を購入したら、永久に保有し続けなければならないという縛りはありません。基本的に追加型の投資信託は、いつでも自由に購入できますし、逆にいつでも解約して現金化することも可能です。そこは、投資信託の保有者が、さまざまなライフイベントのなかでお金が必要になったら、好きなように解約して現金化すれば良いでしょう。

ただ、投資信託の保有者には現金化する自由があるとしても、投資信託を運用している投資信託会社は、投資信託の運用に期限を設けるべきではないと思います。信託期限などというものので、運用の期限を切っている限り、本格的な長期投資の投資信託は登場してきません。信託期限を無期限にする投資信託を設定・運用するというのは、投資信託会社にとって、一種の覚悟のようなものといえるでしょう。信託期限を無期限にしたのにもかかわらず、資金流出によって運用ができなくなり、設定から数年で繰上償還というのは、あまりにもみっともないからです。

皆さんは長期の資産形成を目的に投資信託を買われるわけですから、投資信託選びの第一条件として、信託期限が無期限のものを選ぶようにしましょう。

投資信託の検索ができるサイト『モーニングスター』(http://www.morningstar.co.jp/fund/)で、検索してみると、10年以内に償還される投資信託は1900本以上もあります。非常にざっくり言えば、これでなんと半分以上が、購入対象から外れることになります。

分配金を再投資に回してくれるもの
～投資信託選びの基本条件その2

これは、本書でも何度か触れていることですが、分配金は再投資に回すことが大切です。「分配金」というしくみが好きな人には、非常に耳が痛い話かもしれませんが、「長期投資」の視点から考えると、分配金を出す投資信託では将来的に大きな資産を作ることはできません。

これは行動経済学でもよく言われることですが、**人間というのは、将来の大きな利益よりも、目先の小さな利益を重視しがちです。**毎月分配型ファンドなどは、まさにこの人間心理を上手く利用して人気を集め、純資産残高も、『グローバル・ソブリン・オープン』にいたっては2兆円超（現在は1・4兆ほどになっていますが…）までに大きくなったと言えます。つまり、将来、1万円の基準価額が3万円、5万円というように大きく育つことよりも、毎月40円、50円という分配金を受け取れるということを重視してしまいがちなのです。

しかし、これは長期的な資産形成を目的にした運用にとって、有害以外の何物でもありません。

大事なことは、**運用によって得られた収益をすべて再投資に回して資産を大きく育てていく**ということです。再投資というのは、たとえば1万円を運用して、1年後に1万700円になったとしたら、利益に該当する700円を分配金として現金で支払うのではなく、すべて同一の投資対象に再度投資していくということです。

セゾン投信が運用している投資信託は、年1回の決算がありますが、分配金を出す際にも自動的に再投資されます。

なぜ、分配金を現金としてお支払いせずに、全額再投資に回す方針にしているのかというと、そうすることによって運用効率を上げることができるからです。

100万円を年平均7％で運用したとして、30年間、分配金を再投資していくと、30年後の総額は761万2260円と約7・6倍になります（税金は考慮しない）。これがもし、分配元本だけに利子がつく単利だと、総額は、310万円にしかなりません。

図4-2を見ていただければ分かりますが、再投資することで、元金＋分配金を合わせたものが運用され、元金だけを運用する場合とちがって、どんどん元手が増えていくのです。何度も申し上げているとおり、お金持ちで元金が10億円あれば2％の運用でも、利息分が2000万円も入ってくるわけです。運用に回すお金をあまり持っていない個人投資家こそ、積立で少しずつ「元金」を増やしていかないといけないのです。そのためには運用期間を通じて、できるだけ元金を増やしていくことが大切なのです。

確かに定期的に「分配金」をもらえるのは魅力的だと、私も思います。でもそれは、元金を大きく育てる必要のない、お金持ちだけが選んでいい投資信託だと思います。たとえば、すでに一生、食べていくのに困らないだけの資産があり、時々、遊びに来る孫に渡すお小遣いを、月々の分配金で賄うといった使い方であれば、分配型ファンドはありなのかもしれません。

図4-2 100万円を投資した場合

単位（万円）

	分配金を再投資する（7%複利）	分配金を運用しない（7%単利）
1年	107	107
2年	114.490	114
3年	122.504	121
4年	131.080	128
5年	140.255	135
6年	150.073	142
7年	160.578	149
8年	171.819	156
9年	183.846	163
10年	196.715	170
11年	210.485	177
12年	225.219	184
13年	240.985	191
14年	257.853	198
15年	275.903	205
16年	295.216	212
17年	315.882	219
18年	337.993	226
19年	361.653	233
20年	386.968	240
21年	414.056	247
22年	443.040	254
23年	474.053	261
24年	507.237	268
25年	542.743	275
26年	580.735	282
27年	621.387	289
28年	664.884	296
29年	711.426	303
30年	761.226	310

20年で約150万円近くも差がつく！

元金の7.6倍

元金の3.1倍

同じ100万円の投資でも２倍以上の差になる

しかし、50代の方でも、1章で述べたとおり、平均余命までまだ30年以上はあるわけです。これから将来、自分自身が困らないだけの資産を築いていきたいと考えている人には、分配金などに目移りせずにぜひ再投資をするタイプを選んでいただきたいと思います。

実は、日本の投資信託の場合、信託期間が無期限で無分配型という投資信託の設計はできないことになっています。これはルールで決められているので、何ともしがたいのですが、どんな投資信託を選ぶ際でも、**「分配金再投資コース」を選択するようにしましょう。**

購入時手数料がゼロで、運用管理費用率が低いこと
～投資信託選びの基本条件その3

長期投資をするならば、コスト意識はしっかりと持つようにしましょう。

まず、運用管理費用はできるだけ低いものを選びます。コストは低ければ低いほどどいいのです。先ほども触れましたが、**コストが高いからといってリターンも高くなる、ということはあり得ません。**かつては、日本株式だけに投資する投資信託でも、何と年に2%近い運用管理費用を取る投資信託がありました。日本だけに投資するのに、なぜそんなに費用がかかるというのでしょうか。

これは明らかに取り過ぎです。

また、最近流行りの新興国株式市場に投資する投資信託になると、さらに運用管理費用率は

上がります。なかには年3%などというファンドもあります。

確かに、新興国の株式市場は年20%、30%も上昇する場合がありますので、3%くらいをコストで取ったとしても大したことはないと考えているのかもしれません。また、投資信託を運用するにあたって、どの銘柄を組み入れるのかなどを事前にリサーチする場合に、先進国の株式市場に比べて手間がかかると思われていることからも、高い運用管理費用を要求できる土壌ができ上がっています。

しかし、3%という高い運用管理費用を取る理由にはなりません。少しでも多く、投資信託の保有者から手数料を取ろうとして、理由を並べているだけの話です。実際、私どもが運用している『セゾン・バンガード・グローバルバランスファンド』には、新興国の株式も含まれていますが、投資先となっている投資信託の運用管理費用を含めても、**トータルの運用管理費用率は年0・74%±0・03%という低率を実現しています。**

また、積立投資を前提にしているのであれば、購入時手数料がかかるかどうかも要チェックです。これは、**購入時手数料がかからないノーロード型の投資信託を選ぶべきでしょう。**毎月積み立てていくのに、その都度、購入時手数料を取られていたら、運用効率は大きく低下してしまいます。

積立投資ではなく、まとまったお金で投資信託を購入するのであれば、なおのこと購入時手数料などは真剣に考えたほうが良いと思います。**たとえば、1000万円で投資信託を購入す**

図4-3 購入時手数料、運用管理費用はファンドによって差がある

投資信託名	購入時手数料（最大）	運用管理費用	内容
グローバル・ソブリン・オープン（毎月決算型）	1.575%	1.32%	債券型
野村グローバル・ハイ・イールド債券投信（資源国通貨コース）毎月分配型	4.200%	1.72%	外貨建て債券型
財産3分法F（不動産・債券・株式）毎月分配型『愛称：財産3分法ファンド』	3.150%	1.00%	バランス型
eMAXIS TOPIXインデックス	0%	0.42%	日本株式インデックス

る場合、購入時手数料が3％であれば、手数料は30万円です。1％の差があったら、金額にして何と10万円も違ってくるのです。

加えて運用管理費用が1％も違ったら、そこでも毎年10万円の差が生じてきます。このまま20年、30年という長期にわたって運用することを考えたら、その差額はもっと大きくなります。

もし、投資対象が同じで、運用方針にも大差がないようであれば、過去の運用実績はともかく、まずは購入時手数料と運用管理費用率が少しでも低いものを選ぶようにしましょう。同じ内容の投資信託であれば、運用会社の違いによって生じる運用実績の差など、たかが知れています。**投資信託の運用実績は、たとえアクティブ型であったとしても、マーケットから受ける影響が大半であり、運用担当者の運用能力**

の差によって生じる運用実績の差は、ごくわずかです。

運用管理費用率などのコストは、投資信託会社のホームページを見ればすぐに分かりますから、ある程度、購入したいファンドが絞り込まれてきたら、各種コストをチェックして、できるだけ安いものを選ぶようにしましょう。

運用資金が増え続けているもので、純資産残高は30億円以上がベスト

～投資信託選びの基本条件その4

これは、正直いってなかなか個人では見極めるのが難しいのですが、投資信託を選ぶうえでいちばん大切といってもいいくらい、重要な条件です。それは、**資金が常に流入状態にある投資信託を選ぶ**ことが大切です。

追加型投資信託の場合、日々、解約して出ていく投資家もいれば、新たに資金を追加してくれる投資家もいます。その資金流入額と資金流出額の差額が、プラスになっていることが大切なのです。

なぜなら、資金が流出状態にある投資信託は、さまざまな意味でリスクが高まるからです。

まず、資金がどんどん抜けていくと、運用難状態に陥ります。資金が流出しているということは、常にポートフォリオに組み入れられている株式や債券などの資産を売却するなどして、解約資金を作らなければなりません。

そのため、より運用成績を上げるために、新しい銘柄を見つけて組み入れたり、組入資産の価格が下落したところで新たに買い増しを行ない、平均の買いコストを引き下げることで損失を回復しやすくしたりするといった対応が、いっさい取れなくなってしまうのです。結果、運用成績はジリ貧になってしまいます。

また、運用資金が減ってくると、最後にはもう売るに売れないような、ゴミのような資産ばかりが投資信託に残ってしまい、運用成績の挽回など永遠にできないという状況にまで追い込まれることもあります。

そして、何よりも長期投資にとって大敵である、繰上償還に追い込まれるリスクも生じてきます。運用資産の残高が非常に少ない投資信託だと、そこから得られる運用管理費用の額もたかが知れてしまいます。

たとえば、純資産残高が30億円の投資信託で、投資信託会社が取る運用管理費用率が年1％だとしたら、年間の運用管理費用額は3000万円です。ここからファンドの広告宣伝費やファンドマネジャー、あるいはアナリストのリサーチにかかった経費、運用会社の維持コストなども差し引いていくと、赤字になります。会社に赤字をもたらす投資信託の運用を、ずっと続けることはできません。したがって、純資産残高が大きく減少した投資信託は、繰上償還措置が取られるのです。

投資信託に資金が流入しているのか、それとも流出しているのかということは、純資産残高を見ただけでは分かりません。なぜなら、純資産残高は投資信託に組み入れられている株式や債券などの時価総額ですから、全く追加購入や解約がなかったとしても、これらの有価証券が値上がり、あるいは値下がりしただけで、増減するからです。

追加型投資信託については、現状、純資産残高しか公表されていませんから、実際に資金が純流入状態なのか、それとも純流出状態なのかを知る術はありません。この条件は重要だと思うのですが、現在のところ、個人投資家には知り得ない情報だというのは、非常に残念です。

ただし、おおまかな判断はつけられます。それは、**過去の純資産残高の推移をチェックして、時間の経過とともに増加傾向になっている**投資信託を選ぶこと。**また相場が悪くても、それに連動せずに純資産残高が横ばいや、微増の投資信託を選ぶべきでしょう。**また、仮に30億円を下回っているとしても、10億円以上はあり、それが徐々に増加傾向をたどっているような投資信託であれば、ひょっとすると将来、大きくなる可能性があるということで、候補のひとつに挙げても良いと思います。

ただ、いずれにしても純資産残高の規模が30億円を割り込んで、どんどん少なくなっているようなものには、手を出さないほうが無難でしょう。

手間なし！　銀行口座から「自動積立」が可能なもの
～投資信託選びの基本条件その5

長期投資に適した投資信託選びの5つめの条件は、やはり積立投資が可能であるということです。

これはもう、当たり前ですが、最初から1000万円、2000万円の資金を投資できるという人は、ごく限られています。もちろん、50代、60代の方で、すでに貯蓄がたくさんある方、退職金の運用を考えていらっしゃる方であれば、そのくらいの資金で運用をスタートさせることもできますが、多くは、これから20年、30年かけて、自分が一生食べるのに困らないようにするための資産形成をしていこうという方でしょう。そういう方の場合は、やはり少額資金で積立投資ができるかどうかという点が、とても重要になってきます。

最近は、投資信託の積立投資に力を入れている証券会社も増えてきました。ネット証券会社のなかには、毎月500円や1000円からといった少額からの積立投資を可能にしているところもあります。

積立投資をする場合のポイントは、必ず銀行口座などから自動引き落としで対応してくれるところを選ぶことです。時々、「投資信託は積立ができないものでも、自分で継続的に1万円で買い付けていけば、事実上、積立投資になる」とおっしゃる方もいますが、この方法は長続きしません。

自分の意思で積立をするほど、面倒なことはないからです。

人間の行動でいちばん難しいことは「継続すること」だといわれます。ダイエットにしろ、積立投資にしろ、「一生続ける」というのは、誰にとってもハードルが高いのです。

たとえば毎月自分で振り込むという手間もさることながら、月によってはお付き合いなどでお金が出ていき、積立投資をする余裕が全くないということもあります。そのような状態のとき、自分に厳しく、自らを奮い立たせて積立をすることができるでしょうか。

恐らく、大概の人は無理です。だからこそ、銀行口座などからの自動引き落としで、半強制的に積立投資をする環境を作っておく必要があります。そして残りで生活をするという習慣をつけるのです。そうしなければ、なかなか資産を築くのは難しいでしょう。

また積立投資には、知らないうちに資産が作れるというメリットだけでなく、投資信託の価格変動リスクを軽減させる効果も期待できます。

たとえば毎月1万円というように、一定金額で積立を続けていくと、ある月は基準価額が上がっていたり、ある月は下がっていたりということが起こります。基準価額が高ければ、同じ1万円で購入できる口数は減りますし、逆に基準価額が下がっていれば、購入できる口数は増加します。

これを繰り返していくうちに、徐々に基準価額の水準が高いところで買ってしまった分に比べて、基準価額の水準が安いところで買えた分が相対的に多くなるため、全体を通してみると、平均の購入単価を引き下げる効果があるのです。

仮に、基準価額がどんどん値下がりしている局面だと、購入口数はどんどん増えていきますから、価格の下落に歯止めがかかり、上昇に転じたとき、投資した元本を回復するのがとても早くなります。まさに、これが「ドルコスト平均効果」と言われるものです。

なかには、「積立投資は何の意味もない。大事なことは、適正と思われる価格できちっと買うことだ」とおっしゃる方もいます。それは確かに正しいのですが、誰もが皆、今の投資信託の基準価額が、適正な水準かどうかを見極めることは不可能です。そうであるならば、**積立投資を継続することによって、タイミングを計らなくても良い環境を作ったほうが、個人にとってはストレスがたまらずに済みます。**

そう、長期投資で何よりも大事なことは、ストレスの貯まるような運用は、くれぐれもしないことです。そのストレスの原因は、大方、価格の値下がりにあります。**だからこそ、値下がり局面をプラスにとらえることができる積立投資は、個人の資産運用に最も適した投資手法のひとつと言えるのです。**

このように個人投資家にとって、都合のいい「自動積立」ですが、商品や販売会社によって、積立ができないものが多くあります。これでまた、選ぶ本数が絞られてきます。

図4-4 ドルコスト平均法で安いときにたくさん購入する！

ドルコスト平均法のシミュレーション例

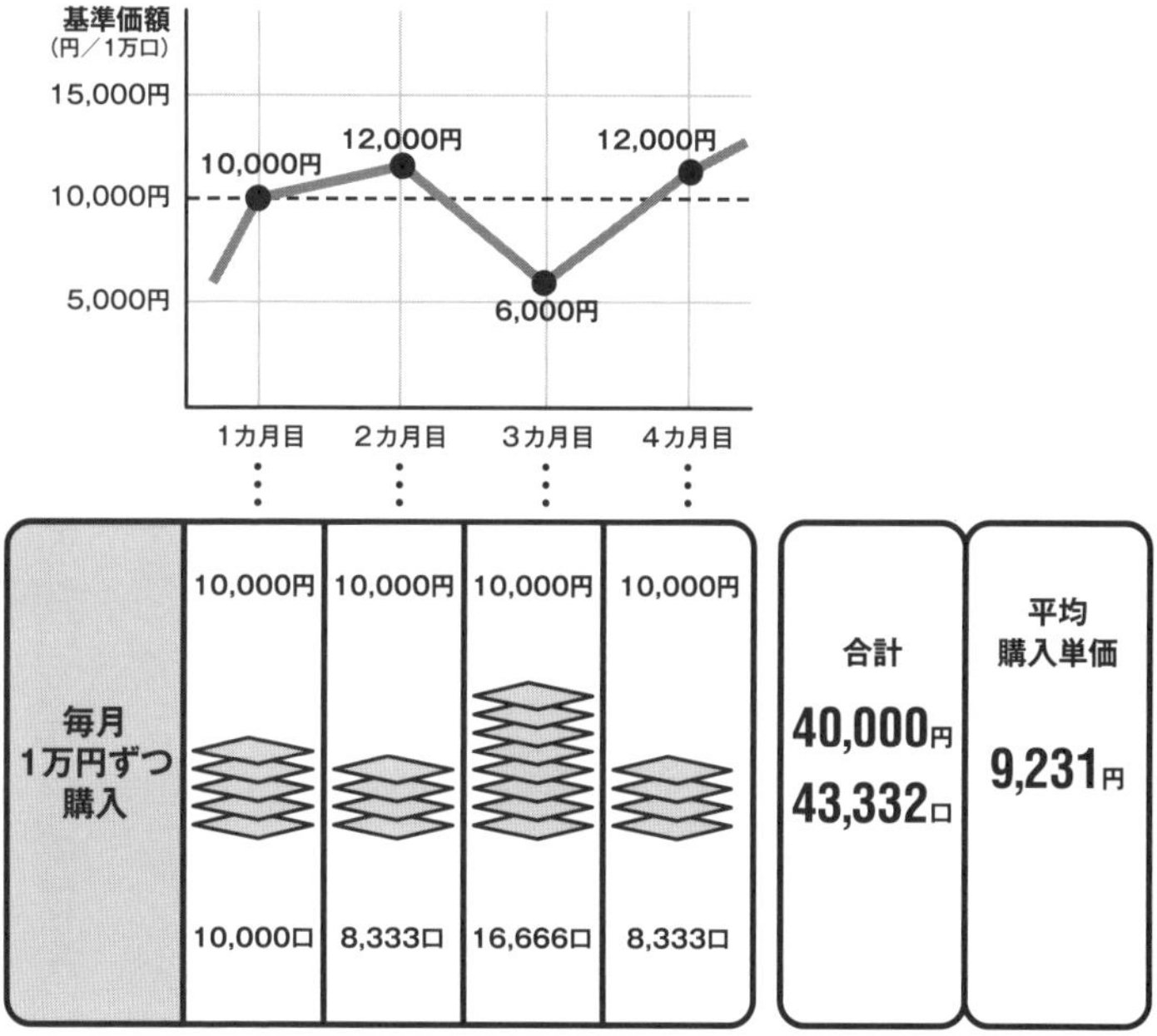

毎月一定額を購入するほうが、平均単価を低く抑えられる効果が期待できる！

※販売手数料を考慮せず、便宜的に1口未満を切り捨てて計算したものであり、実際の購入口数とは異なります。

「テーマ型」投資信託は短期で売り抜けたい人向き

さて、これまでのところで、長期投資に適した投資信託を見極めるための条件について説明しました。信託期限やコスト、分配金再投資、積立投資など、ファンドのしくみの部分について、長期投資の対象として適しているかどうかを説明したのですが、そのような条件のほかに、長期投資に適した運用方針、投資対象とはどういうものなのかということについて、少し触れていきたいと思います。

今から10年ちょっと前の話になりますが、ＩＴブームが世界中を席巻したことがありました。軍事技術のひとつだったインターネットが、ようやく民生用に普及し始めた時代の話です。

その頃、インターネット関連銘柄の株価が軒並み上昇しました。また投資信託でも、「ドットコムファンド」と称された、ＩＴ関連企業を中心に組み入れて運用する投資信託が、さまざまな投資信託会社から設定されました。一時は、インターネット関連銘柄の株価が急騰したこともあって、この手のファンドの運用実績も急上昇しました。

こうしたＩＴ関連株式や、それに投資して高いリターンをあげていた投資信託については、「これはバブルではないか」という指摘もあったのですが、バブルに踊らされている人たちには、もう何を言っても通用しません。挙句の果てには、「ＩＴは現代の産業革命であり、これから何十年にもわたって社会構造を大きく変化させていくものだ。したがって、ＩＴというのはこれから長く続く、長期的な投資テーマである」などと公言する投資信託関係者も大勢いました。

でも、現実はどうだったでしょうか。

２０００年3月、ものの見事にＩＴバブルは崩壊しました。これによって、多くのＩＴ関連銘柄の株価が急落し、ＩＴ関連銘柄を組み入れていた投資信託の運用成績も大きく下落しました。

確かに、ＩＴバブルが崩壊した後も、インターネットの周辺ビジネスは拡大傾向をたどりました。これは今の世の中が、インターネットなくしては語ることができないほどになったことからも、分かると思います。ただ、ＩＴというテーマが、**実体経済に及ぼす影響と、資産運用などマネー経済に及ぼす影響とでは、時間軸が大きく異なる**のです。

どういうことかというと、株式市場におけるテーマ物色というのは、それが実体経済では何十年にもわたって世の中を大きく変えていくようなものであったとしても、ほんの一瞬で終わってしまうということです。株式市場に参加している投資家は、常に新しい材料を探しています。

したがって、いくら革命的なテーマが浮上したとしても、それに対する関心は、非常に短いうちに終わってしまうのです。ＩＴ関連銘柄の株価がバブル的な上昇力を見せたのは、ほんの

2年程度のことでした。

投資信託のなかには「テーマ型」と呼ばれるタイプがあります。これは、たとえば今申し上げたようなIT、地球環境、クラウドコンピューティング、食糧問題など、特定の経済テーマを投資信託の運用方針に掲げ、そのテーマに関連した企業の株式などに投資するファンドです。

たとえばIT関連ファンドであれば、コンピュータ会社、家電、電話会社、半導体メーカーなど、ITのハード面、ソフト面に関連する企業の株式のみを組み入れて運用します。

こういったテーマ型ファンドの良いところは、何といっても**分かりやすさという一点に尽きます。**日頃ニュースなどで見たり聞いたりしている事柄が、投資信託名に反映されていたりしますから、投資信託のことはよく分からないという人でも、とても買いやすいのです。

しかし、前述したように、**ひとつのテーマが株式市場において長く支持されるということは、まずありません。どんなテーマでも、せいぜい2年も話題になり続けたら、自然に飽きが来ます。**そうなったとき、それまで話題になっていた投資のテーマに関連する株式は、一気に株価が急落し、そのテーマに関連した企業の株式を組み入れていた投資信託の運用成績も、どんどん悪化していきます。

つまり、どれだけ「長期的なテーマだから」といっても、テーマ型ファンドの寿命は短いのです。それなのに、「長期投資には最適です」などと言ってこれを売るのは、詐欺にも等しい行為といえるでしょう。

ちなみに、これまでさまざまなテーマ型ファンドが登場してきました。古くは1984年頃に、「バイオブーム」があり、バイオ関連銘柄に投資するバイオファンドが登場しました。そして80年代の後半にかけては、ひたすら日本株ファンドばかりが設定されるわけですが、これも見方を変えれば、「日本株」という、過去最高値をどんどん更新し続けていた日本の株価をテーマにしたテーマ型ファンドであると言えなくもありません。

そして90年代に入って日本株は急落。バブル経済が崩壊したわけですが、その後も折に触れて、さまざまなテーマ型ファンドが登場しました。90年代以降のテーマ型ファンドのなかでも高い注目を集めてきたものとしては、次のような投資信託があります。

1992年～1993年　香港ファンド
1998年～2000年　ITファンド
1999年～2000年　第一次エコファンド
2002年～2003年　社会貢献ファンド
2007年～2008年　第二次エコファンド　水関連ファンド
2010年以降～　クラウドコンピューティング　漁業権　シェールガス　バイオ

このように、さまざまなテーマが浮上しては、どんどん新しいテーマを求めて移ろっていきました。

図4-5 1～2年が旬!? テーマ型ファンドの数年後

↓

2007年秋に設定されたテーマ型ファンド。クリーン・エネルギー関連企業、ウォーター・ビジネス関連企業、食糧ビジネス関連企業の株式に投資を行なうというもの。6年後の今は基準価額は半分、純資産残高は多いときの３分の１になっている

※データ提供：モーニングスター

思うに、**テーマ型ファンドは、株式市場において、そのテーマが一番物色され、株価がまさにピークを付けようというところで新規設定されるパターンが多い**ようです。言うまでもなく、株式市場での関心が高まっているときというのは、世間一般にもニュースなどで取り上げられていることが多く、誰もがそのテーマについて、多少の関心を示しているからです。その局面で、タイミングよく設定されれば、投資信託にたくさんお金が集まるという算段です。

そう考えると、テーマ型ファンドはいくら「長期的なテーマです」といっても、**実は短期売買向けのファンド**であると考えることができます。つまり、新規設定が相次いでいるときに買い、うまく基準価額が値上がりしたら、あまり欲張らずにさっさと解約して利益を確定させる。そんな運用が適しているといえるでしょう。

この点、テーマ型ファンドは、何をテーマに掲げたとしても、短期売買の投資信託なのだと割り切る必要がありますし、長期的な資産形成を行なうのであれば、最初からはずしておいたほうが良いファンドともいえるでしょう。

「ターゲットイヤーファンド」も避けておくべき

長期投資するうえで避けたほうが良い投資信託は、他にもあります。たとえば「ターゲットイヤーファンド」などは、その典型例といえるでしょう。

一般的に投資をする原則として、年齢が上がるほどリスク性資産の比率を低めにした運用が望ましいと言われています。20代の頃は、たとえば株式の投資比率を70％以上で運用することも許容できますが、60代、70代になって、そのようなハイリスク型のポートフォリオを持っていると、株価の暴落で運用資産が大きく目減りした時、それをカバーするのが極めて困難な状況に陥ってしまいます。なぜなら、すでに定年で働いておらず、損失をリカバリーするだけの収入を得るのが難しいからです。したがって、一般的には年齢が上がっていくに従って、徐々にリスク性資産への投資比率を下げていくのです。ターゲットイヤーファンドは、このリスク性資産への投資配分を、保有者の年齢に応じて自動的に調整してくれるファンドです。

この手の投資信託は、ファンド名の最後に「２０２０」、「２０３０」、「２０４０」というように西暦が付されていたり、購入者の年代を表す20、30といった数字が使われているので、それでターゲットイヤーファンドかどうかが分かります。

ではなぜ、ターゲットイヤーファンドが長期投資に不向きなのでしょうか。そもそもターゲットイヤーファンドは、長期の資産形成を前提に設計された投資信託です。たとえば「２０４０」とついた投信では、２０４０年にリスク性資産の組入比率が０％になります。仮に今が２０１３年だとすると、２０４０年に65歳で定年を迎える人の年齢は38歳です。つまり38歳前後の人がこのファンドを購入すれば、自分が定年を迎えるまでに、徐々にリスク性資産の組入比率を下げながら、運用してくれるのです。

ある意味、おせっかいファンドという気がしないでもないのですが、便利だという印象を持つ人もいるでしょう。

でも、このしくみには決定的な欠点があります。たとえば2013年に、38歳でターゲットイヤーファンドを購入した人は、2035年には60歳ですから、その時点ではかなりリスク性資産の組入比率は下がっています。そのとき、2013年春のように世界的に株価が大きく上昇したとしたら、どうなるでしょうか。そう、すでにリスク性資産の組入比率が大幅に引き下げられているので、せっかくの株高も運用成績の向上に反映されないのです。

これは、あまりにも融通が効かなさすぎるとしか言いようがありません。1章でも書きましたが、この長寿社会においては、定年後から第二の人生が始まると言われるように、長い余生を送ることになります。これからの長寿社会では、定年後もある程度、リスクを取って資産を運用していく気構えが必要になってきます。だからこそ、一定の年齢に達した時点でどんどんリスク性資産の組入比率が下げられてしまうターゲットイヤーファンドは、長期投資に向かないと考えられるのです。資産は多ければ多いほどいいし、余ってしまうくらいふえてしまったら、子や孫に残せばいいのです。自分の世代で完結せずに子孫の代までを視野に入れて運用を続ければ、大きな株価のうねりに伴う、大きな果実を手にすることができるのです。

まだある！　長期投資に向かない投資信託の見分け方

長期の資産形成を行なううえで対象にしないほうが良い投資信託について、もう少し触れておきましょう。実は、**長期投資に不向きな投資信託というのは、たくさんある**ものなのです。

たとえば**地域限定ファンド。**これも一時期、高い人気を集めました。要は、特定の県・地域に本社や工場を持っている企業の株式に投資するという投資信託です。仮に、「東京都応援ファンド」というのがあったとしたら、東京に本社や工場を置いている企業の株式に投資するのです。

もともと、地域振興を表向きの顔に設定された投資信託で、販売も地元の地方銀行などが中心になって行なうというものでした。

でも、投資信託の運用ということを考えた場合、いくら考えても、この手の投資信託のメリットが感じられないのは、私だけではないと思います。何しろ、特定の県・地域に本社や工場を置く企業の株式に投資するということは、逆に言うと、分散投資ではなくそれにしか投資ができないということでもあります。東京都であれば、日本を代表する企業の多くが本社を置いているので、投資対象に困ることはないでしょうが、地方の場合だと、なかなか投資する企業がなかったりします。つまり、非常に投資対象に制限が加えられているのです。ファンドマネジャーの立場からすれば、とても厳しい条件の下での運用を強いられることになります。

もちろん、そんな投資信託ですから、長期的に資産を増やすために用いることはできません。正直、地域限定型ファンドを自らすすんで買うのは、一体どういう人なのだろうと興味すら覚えます。

ほかにも**特定の企業グループに投資するファンド**。たとえばトヨタ自動車、新日鉄住金など、グループ企業で、かつ上場している企業をたくさん抱えている企業グループの株式にまとめて投資するという投資信託です。

今まで、この手のファンドはありませんでしたから、ある意味、分かりやすいためとても画期的な商品性を持っているともいえるのですが、たとえばトヨタグループの企業に分散投資することが、長期的な資産形成を行なううえで、どの程度のアドバンテージにつながるのかということを考えると、残念ながらこれも全く意味がないファンドと言わざるを得ません。

その他、現在、多くの個人投資家から支持を得ている**外債ファンドも、長期的な資産形成には不向き**です。外債ファンドの多くが毎月分配など多分配形式を取っているのですが、それだけでなく、投資対象である債券そのものが、長期の資産形成には向かないのです。債券は100の元本が100で戻ってくるという性質のものであり、株式のように、投資元本そのものが成長していくわけではないからです。債券は、定期的に支払われる利金によって、キャッシュフローを改善させる目的で使うためのものです。

ただ、若い世代のなかにも、毎月分配型ファンドに対して興味を持っている人は多いようです。モーニングスターが時々、同社のポートフォリオ登録サービスに登録されている個別ファンドのランキングを公表していますが、2013年4月末のデータで、20代、30代のランキングを見ると、外債ファンドの代表ともいうべき、グローバル・ソブリン・オープン（毎月決算型）が、20代で10位、30代で6位に入っているのです。

前述したように、どうしても月々のキャッシュフローを改善させたいというニーズを持っている高齢者の方なら、この手の投資信託を購入するという選択肢もあるかもしれませんが、資産を大きく増やしていきたい場合には、外債ファンドよりも株式ファンドでポートフォリオを構築したほうが、長い目で見れば、有利な結果が得られるはずです。

現在、国内で設定・運用されているファンドのなかで、外債を中心に組み入れて運用する多分配型の投資信託は非常にたくさんあります。これをすべて除くだけで、これから皆さんが投資するべきファンドの候補は、大きく絞り込まれます。

投資信託はオーダーメイドより「パッケージ」を選べば面倒ナシ！

ここまで、投資してはいけない投資信託ばかりあげてきましたが、では、投資対象は、何を選べばよいのでしょうか。

それは、「世界中のさまざまな資産に分散投資しているもの」ということにつきます。

図1－6（42・43ページ）、もしくは巻頭資料をもう一度見てください。

日本だけ、先進国だけ、新興国だけ、というのでは、上がったときはいいのですが、下がったときには大変です。世界の経済成長に、自分のお金を預けて育ててもらうならば、全世界へと投資する投資信託を選べばいいのです。

ただ、この投資対象に関して、**「自分で組み合わせて」全世界へ投資する方法と、「最初から全世界へ投資している投資信託を選ぶ」方法と、2通りのやり方**があります。

自分で組み合わせるやり方というのは、たとえば、日本株ファンド、米国株ファンド、欧州株ファンド、中国株ファンド、インド株ファンド、というように、異なる資産クラスに投資する投資信託を、自分で投資比率を決めて購入し、時々、自分でリバランスを行なっていく、という方法です。

「リバランス」というのは、保有している資産クラスごとのバランス取りのことです。詳しく説明すると、たとえば日本株ファンドに50、米国株ファンドに50を投資し、1年後に日本株ファンドが70、米国株ファンドが30になっていたら、この時点で当初考えた組入比率が変わってしまうので、日本株ファンドを20だけ売り、その資金で米国株ファンドを買うことによって、再び両者のバランスを50対50に戻すという作業です。過去のデータから、長期の運用を行なった結果を比較した場合、リバランスしないよりしたほうがリターンがよいということが判明しており、長期投資には欠かせない作業です。

自分自身で、何の資産クラスに何パーセントを配分し、一定期間おきにリバランスという作業を行なうというのは、資産運用を行なううえでとても大事なことですし、それを実行している投資家というのは、とても正しいことをしていると胸を張っても良いでしょう。

でも、ひとつだけ大きな問題があります。それは、誰もがそれをすることはできない、ということです。

自分でポートフォリオの資産配分比率を決め、さらにリバランスまで行なうというのは、言うなればオーダーメイドで服を作っているようなものです。自分自身の好み、体型、自分に合うスタイルというものを熟知していなければ、なかなか使いこなせるものではありません。

それと同じで、自分で分散投資のポートフォリオを構築するのであれば、自分がどんな運用を行ないたいのか、何のために資産形成を行なうのか、リスクは最大どこまで許容できるのか、といった諸条件を把握しておかないと、なかなか難しいものです。

「貯蓄から投資へ」と言われるようになって久しいのですが、自分で考えてポートフォリオを組み立て、随時、状況を見ながら組入比率を見直していくということを、きちっと行なえる、いや、そういうことをやってみたいという人が、果たしてどのくらいいらっしゃるのでしょうか。

恐らく、とても少ないと思います。もちろん、中には、インデックスファンドを中心にし

図4-6 分散投資は、投資バランスを整える「リバランス」が重要

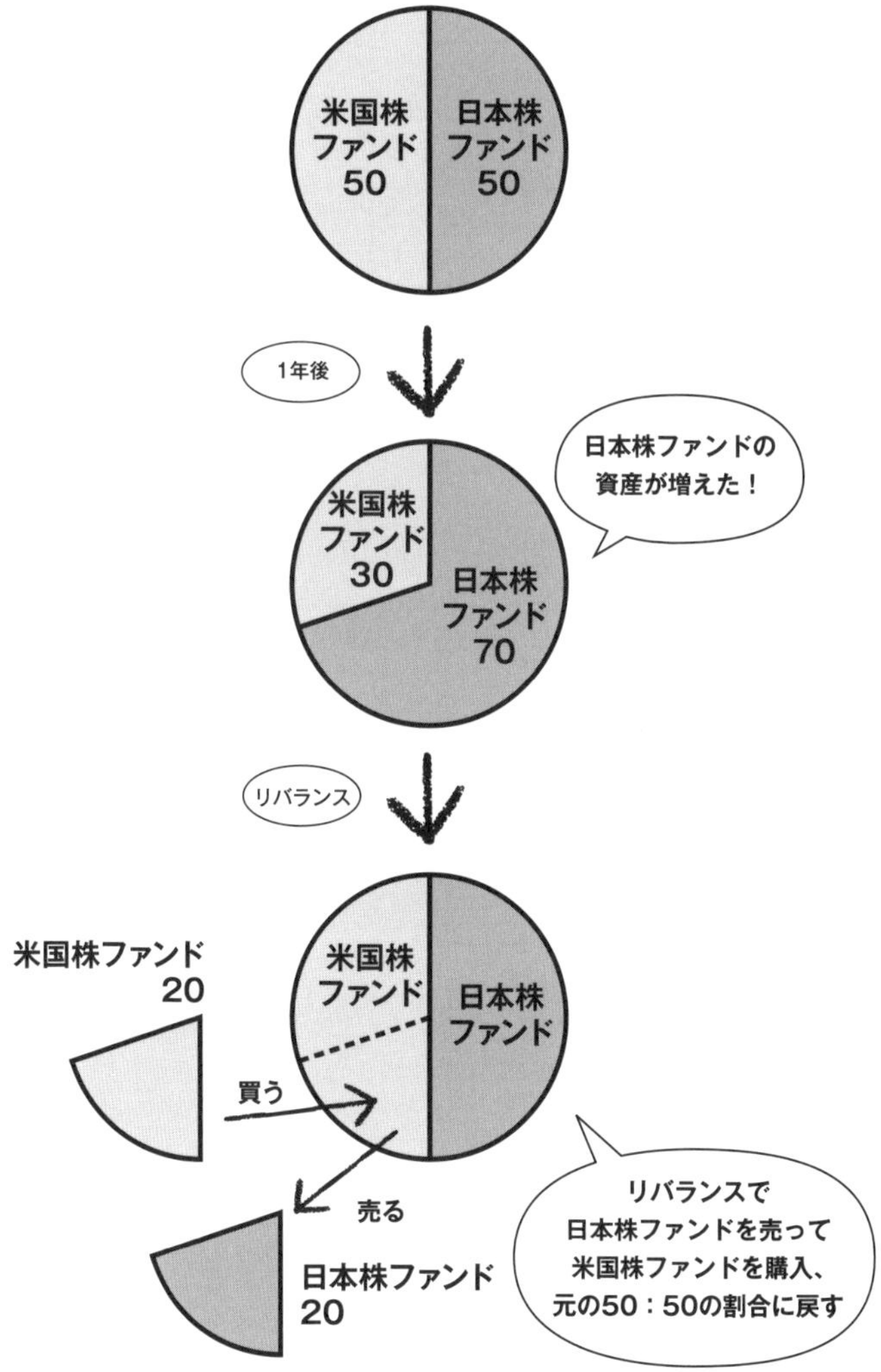

て、さまざまな組み合わせを考え、実行している個人投資家の方もいらっしゃいますが、それはごく一部の人に過ぎません。大方の人というのは、自分の将来のために資産運用を行なう必要があることは理解していても、そのために自分の自由な時間を、必要以上に取られるのは勘弁してもらいたいと思っていらっしゃるのではないでしょうか。

そういう人はどうすれば良いのか。そう、オーダーメイドの服ではなく、**既製服を買えばいいのです。**つまり、**最初から世界中の株式や債券に分散投資している投資信託を**購入するのです。

これを「国際分散型」「バランス型」というのですが、この簡単パッケージの投資信託であれば、株式と債券の組入比率を何パーセントずつにするか、株式と債券はどの国に何パーセントずつ投資するのか、といったことを、すべて専門のファンドマネジャーが判断して、分散してくれます。

加えて、一定期間が経過するごとに必要になるリバランスも、すべて行なってくれます。したがって、**国際分散型の投資信託を保有しておけば、あとは何もしなくても、勝手に運用をしてくれるのです。**これなら、まさに既製服がそうであるように、**誰でも簡単に国際分散投資をすること**ができます。これであれば、ベテランの方から初心者の方まですべての人向きですし、さらに「資産運用に時間をかけたくない」と思っている人でも選ぶことができます。

図4-7 オーダーメイドよりも、楽で簡単なパッケージを買う

投資信託は、この9本から選びなさい

さて、ここまで、長期投資に適《かな》った投資信託の条件をいろいろとあげてきました。ここでおさらいをしておきましょう。

(1) 信託期限が無期限であること。
(2) 分配金を全額再投資に回してくれること。
(3) 購入時手数料がかからないノーロード型で、運用管理費用率が低いこと。
(4) 純資産残高が増え続けているもの。ただし、その残高があまりにも小さい場合は除外。
(5) 少額から自動積立ができて、自分の銀行口座から毎月引き落としが可能であること。

これらの、投資信託の大きさや条件でまず多くの投資信託をふるい落とします。ほかに投資する対象に関してですが、先ほども述べたように、ターゲットイヤーファンド、テーマ型や地域限定型ファンドもお話にならないので外す。さらに今、大流行中の外債型ファンドは、そもそも債券が長期の資産形成に向かないので、外債のみを組み入れて運用する投資信託も対象外という視点で外します。

そして、世界経済を対象に投資ができ、リバランスもしてくれる、

（6）投資対象は「国際分散型（バランス型）」であること。

に限定します。

さて、このように、主に6つの条件が出揃いました。

ここからが本題です。一体、この、たった6つの条件を満たすことができる投資信託は、3376本あるなかで何本になるでしょうか。

これが驚くなかれ、**今現在、何と9本しかないのです。**ちなみに、（4）に相当する純資産残高が増え続けているという条件に至っては、**資金が3年にわたって純増状態にあるという条件にしてあります。**また資金増の投資信託でも、運用が3年未満のファンドは残念ながら外してあります。

この条件はつまり、3年以上、運用が順調で、毎年、解約による資金流出額よりも、追加購入による資金流入額が上回っている状態であるということです。やはり、長期投資が可能な投資信託を探す以上、常に資金が純流入状態で、繰上償還リスクが低い投資信託を選ぶ必要があります。

どうですか？　いささか長い道のりでしたが、このように段階を追ってスクリーニングをしていくと、個人が購入できる3376本もある国内投資信託のうち、長期の資産形成に用いることができる投資信託というのは、何とたったの9本しかないということになるのです。

前著を出してから2年。日本の投信業界はほとんど変わっていないのです。

とはいえ、9本だけでも長期の資産形成に使うことができる投資信託があるというのは、不幸中の幸いなのかもしれません。

そして、何よりも9本だけしかありませんから、そこから選ぶのは、あまり苦労をする話ではないでしょう。

選んだ9本の投資信託には、株式のみで国際分散投資をしている投資信託も含めてあります。債券を組み合わせてポートフォリオを構築している投資信託の場合は、株式のみでポートフォリオを構築しているものに比べると、値動きは緩やかになります。それは、債券のほうが株式に比べて、価格変動リスクが低くなるからです。もちろん、より高いリターンを狙うのであれば、株式のみでポートフォリオを構築している投資信託を選ぶという手もあるでしょう。

ここから、この9本に関して純資産残高の多い順にひとつひとつ、説明していきます。

図4-8 6つの条件を満たした投資信託は、今現在9本しかない！

順位は純資産残高順

順位	ファンド名	運用会社	純資産残高（億円）	3年間合計の純資産増加額	設定日	投資対象
1	セゾン・バンガード・グローバルバランスファンド	セゾン投信	581.72	205.03	2007年3月15日	株、債券
2	SMT グローバル株式インデックス・オープン	三井住友トラスト・アセットマネジメント	218.80	71.60	2008年1月9日	株
3	eMAXIS 先進国株式インデックス	三菱UFJ投信	100.77	63.04	2009年10月28日	株
4	ありがとうファンド	ありがとう投信	94.86	9.15	2004年9月1日	株
5	セゾン資産形成の達人ファンド	セゾン投信	81.27	27.58	2007年3月15日	株
6	SBI資産設計オープン（資産成長型）	三井住友トラスト・アセットマネジメント	57.99	26.99	2008年1月9日	株、債券、REIT
7	世界経済インデックスファンド	三井住友トラスト・アセットマネジメント	29.52	19.54	2009年1月16日	株、債券
8	ユニオンファンド	ユニオン投信	17.55	8.20	2008年10月20日	株
9	楽天資産形成ファンド	明治安田アセットマネジメント	10.12	5.76	2008年12月1日	株、債券

スクリーニング時データは2013年2月末日現在。各ページの詳細は最新を掲載しているため、この純資産残高は異なります

世界の株と債券が50％ずつ。これ1本で資産が作れる！
（その1）セゾン・バンガード・グローバルバランスファンド

最大の特徴は、このファンド1本で世界中の株式市場、債券市場に投資できることです。株式と債券の投資比率は基本的に50％対50％。ファンド・オブ・ファンズ方式であり、全部で8本のファンドを組み入れてあります。これらのファンドを通じて、世界30か国以上の株式市場と、10か国以上の債券市場に分散投資します。

全体の半分を債券に投資しているので、株式100％で運用するファンドに比べると、値動きは比較的穏やかです。

ただし、投資の中心は海外資産です。円建て資産への投資は、2013年5月末時点で全体の13・3％。その他の外貨建て資産は為替ヘッジをかけずに運用しているので、為替レートが円高に向かったときには、為替差損が発生します。しかし、円安になれば為替差益が生じるため、円資産の価値が減少するリスクをヘッジできます。

資金流入状況は非常に安定しており、設定から6年が経過した時点でも毎月資金は純流入状態にあり、650億円を超えて長期投資をするには適したファンドのひとつといえるでしょう。NISA（少額投資非課税制度）にも対応しています。なお、当ファンドは直接販売なので、購入する際はセゾン投信に口座を開く必要があります。購入手数料はゼロで運用管理費用も1％を切る水準です。積立投信は5000円から可能です。

おすすめの投資信託 その1

セゾン・バンガード・グローバルバランスファンド
(セゾン投信)

基本データ	
設定日／純資産残高	2007年3月15日／654億7000万円
運用管理費用（実質）	0.74%±0.03%
信託財産留保額	0.1%
購入／最低積立額	セゾン投信（直販）／5000円～

投資先の配分　株式50：債券50

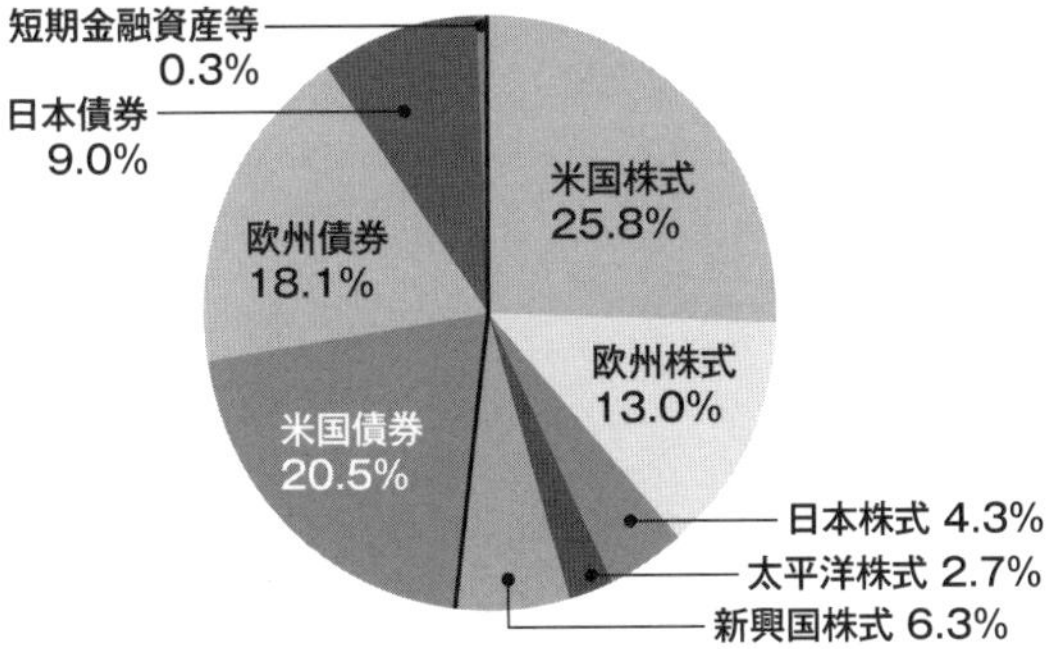

組み入れファンド（8本：ファンド・オブ・ファンズ方式）

バンガード・U.S.500 ストック・インデックス・ファンド（米国株）
バンガード・ヨーロピアン・ストック・インデックス・ファンド（欧州株）
バンガード・ジャパン・ストック・インデックス・ファンド（日本株）
バンガード・パシフィック・エックスジャパン・ストック・インデックス・ファンド（太平洋株）
バンガード・エマージング・マーケット・ストック・インデックス・ファンド（新興国株）
バンガード・U.S. ガバメント・ボンド・インデックス・ファンド（米国債）
バンガード・ユーロ・ガバメント・ボンド・インデックス・ファンド（欧州債）
バンガード・ジャパン・ガバメント・ボンド・インデックス・ファンド（日本債）

問 セゾン投信　03-3988-8668
※ データは2013年5月末時点

主要国の株へ投資、米国の割合が約6割。コストは最安値といえる！
（その2）SMT　グローバル株式インデックス・オープン

世界中の株式市場に分散投資するうえで欠かせない「MSCIコクサイ」という指数と連動した運用成績を目指すインデックスファンド。

「MSCIコクサイ」とはMSCI Barra（モルガンスタンレー・キャピタル・インターナショナル社とバーラ社が合併した会社）が算出・公表しているグローバルな株価指数で、日本を除く先進国（22カ国）の上場企業で構成されています。

このファンドはまだ設定されて新しいものの、コスト安を追求したインデックスのSMT《スマート》シリーズの1つとして注目されており、ここまで順調に資産が増えてきています。

インデックスファンドのため、かなりのコスト安を実現、運用管理費用も0・525％を達成しています。ただし購入時手数料に関しては2・1％（税抜2・0％）を上限としており、ネット証券などはノーロードを実現できていますが、銀行など販売金融機関によっては購入時手数料がかかってしまうこともありますので注意が必要です。

国別の投資比率を見ると、米国が全体の59％を占めています。それだけ米国の株式市場からの影響を受けやすいともいえるでしょう。為替ヘッジがないので、円安になれば為替差益が発売します。また日本株も投資先として分散したい場合はTOPIX連動型の投信なども合わせて購入してもいいでしょう。

おすすめの投資信託 その2

SMT《スマート》グローバル株式インデックス・オープン（三井トラスト・アセットマネジメント）

基本データ	
設定日／純資産残高	2008年1月9日／ 260億1600万円
運用管理費用（実質）	0.525%
信託財産留保額	0.05%
購入／最低積立額	楽天、SBI、 カブドットコム他／ 500円～

投資先の配分　株式100

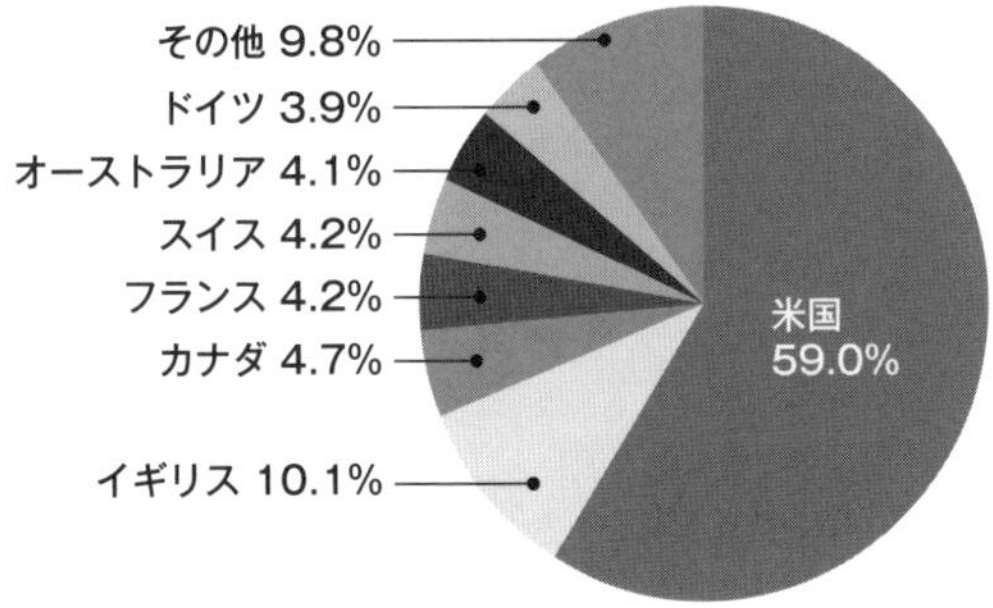

組み入れファンド（1本：ファミリーファンド方式）

外国株式インデックスマザーファンド

問 楽天証券　0120-188-547
SBI証券　0120-104-214
カブドットコム証券　0120-390-390
※ データは2013年5月末時点（投資先の配分のみ5月10日現在）

シリーズ展開している商品で、その中でも主に先進国の株へ投資
(その3)eMAXIS　先進国株式インデックス

ＭＳＣＩコクサイをベンチマークとして運用されるインデックスファンド。基本的な商品設計は、『ＳＭＴグローバル株式インデックス・オープン』と同じで、この1本で先進国の22カ国へ分散投資することができますが、ＳＭＴと同様に日本株はベンチマークの対象に含まれていないので、同ファンドに投資する際には、日本株のインデックスファンドなどにも別途投資することをおすすめします。

同ファンドは、三菱ＵＦＪ投信が設定・運用している『ｅＭＡＸＩＳ《イーマキシス》』シリーズの一部を成しているファンドです。ｅＭＡＸＩＳシリーズというのは、ネット投資家を主な顧客層として運用されているファンドなので、購入先はネット証券会社などインターネット金融機関がメインになります。ゆうちょ銀行にもネット専用で取り扱いがあります。また、このシリーズはコスト安を追求するだけでなく、幅広い商品が揃うのが魅力。「先進国株式」だけでなく「全世界株式」「新興国株式」「国内リート（不動産）」「先進国リート（不動産）」のインデックスファンドや、国内外の株、債券、リートなど8資産に均等に投資する「ｅＭＡＸＩＳバランス（8資産均等型）」という商品もあります。商品によっては設定されてまだ時間が経っていないものもあり、ここでは紹介していませんが、それぞれ順調に純資産残高が増えつつあり、今後注目してもいい商品シリーズと言えるでしょう。

おすすめの投資信託 その３

eMAXIS《イーマキシス》 先進国株式インデックス
（三菱UFJ投信）

基本データ	
設定日／純資産残高	2009年10月28日／ 124億3300万円
運用管理費用（実質）	0.63%
信託財産留保額	0%
購入／最低積立額	楽天、SBI、 カブドットコム他／ 500円～

投資先の配分　株式100

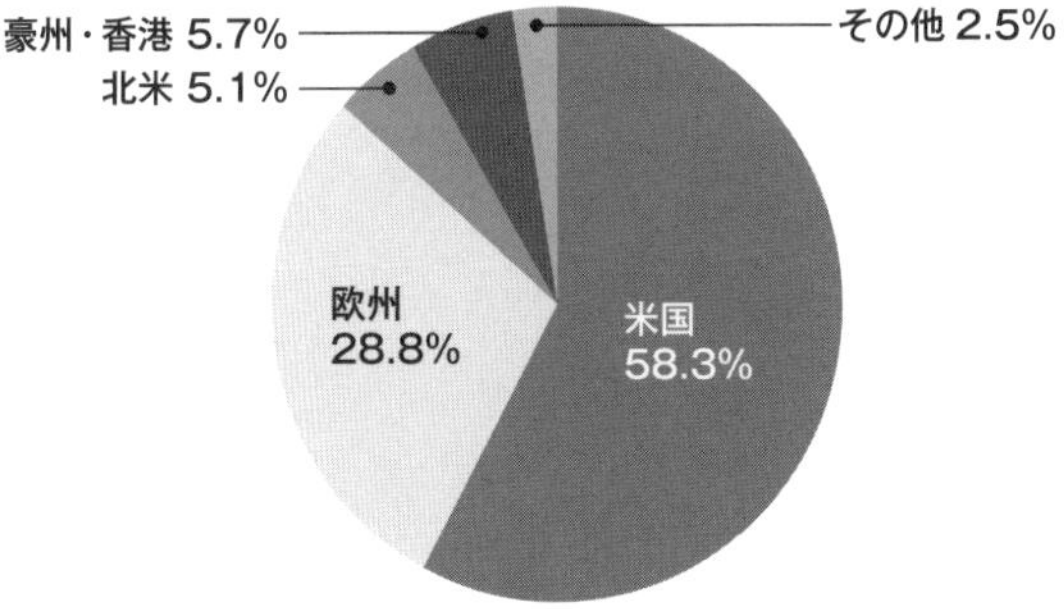

組み入れファンド（1本：ファミリーファンド方式）

外国株式インデックスマザーファンド

問 楽天証券　0120-188-547
SBI証券　0120-104-214
カブドットコム証券　0120-390-390
※ データは2013年5月末時点

日本株への投資比率が6割超の直販ファンド（その4）ありがとうファンド

セゾン投信と同じ独立系投資信託会社である、ありがとう投信が設定・運用しているファンドで、ファンド・オブ・ファンズ方式で運用されます。直接販売方式のファンドなので、購入する際にはありがとう投信に口座を開設する必要があります。

同ファンドを通じて投資しているファンドは、2013年4月末現在で合計9本です。同社は常に運用会社のリサーチを行なうことによって、より優れたファンドがあった場合には、それを加えてポートフォリオを改善させていくという運用方針を取っています。

9本のファンドを通じて投資している国・地域の比率を見ると、国内株式が全体の約62％、北米・欧州などの海外の先進国株式が約25％、新興国株式が約6％、残りが現金等という構成になっています。基本的には日本の株式市場から受ける影響が大きくなります。

誰でも手軽に、毎月1000円からでも積立投資をすることができます。購入手数料はかかりません。なお、運用管理費用ですが、現在は運用資産に対して年0・9450％です。ただしこのファンドはファンド・オブ・ファンズなので投資先の投信の「運用管理費用」もありますので、実質は1・6％（±0・3％）です。この料率は、将来的にファンドの純資産残高が増えていくと、段階的に低減されるしくみになっており、純資産残高が1000億円を超えた場合は、年0・7350％まで低下する予定です。

おすすめの投資信託 その4

ありがとうファンド
（ありがとう投信）

基本データ	
設定日／純資産残高	2004年9月1日／107億700万円
運用管理費用（実質）	1.6%±0.3%
信託財産留保額	0%
購入／最低積立額	ありがとう投信（直販）／1000円～

投資先の配分　株式100

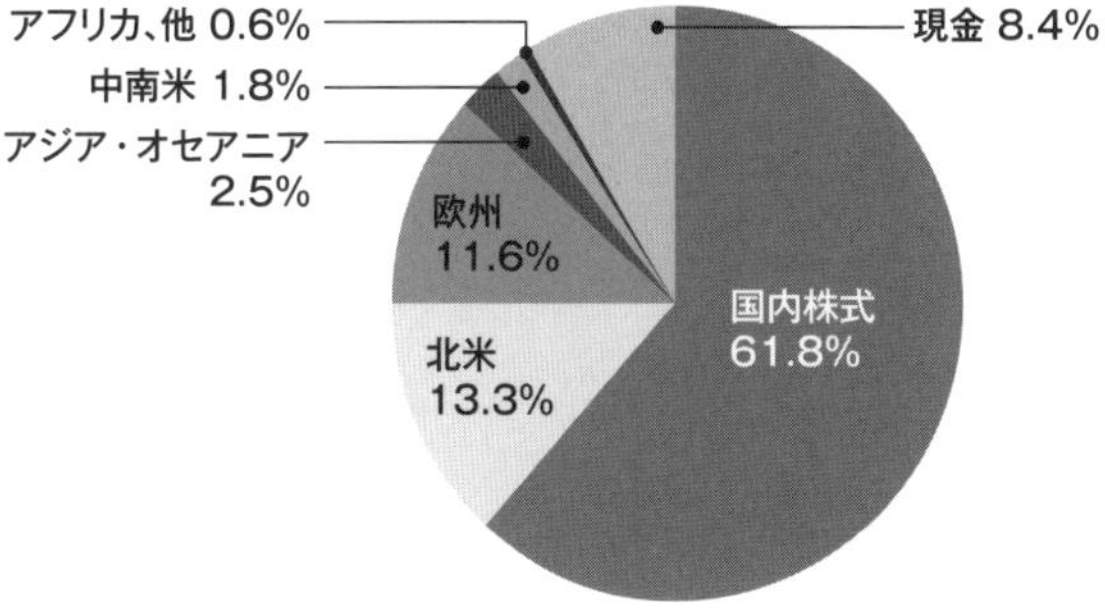

組み入れファンド（9本：ファンド・オブ・ファンズ方式）

社会貢献ファンド（日本株）
TMA長期投資ファンド（日本株、先進国株）
さわかみファンド（日本株）
キャピタル・インターナショナル・USグロースアンドインカム・ファンド（米国株）
コモンズ30ファンド（日本株）
トヨタグループ株式ファンドF（日本株）
ニッポンコムジェスト・エマージングマーケッツ・ファンドSA（新興国株）
ALAMCO ハリス グローバル バリュー株ファンド2007（先進国株）
ニッポンコムジェスト・ヨーロッパ・ファンドSA（先進国株）

問 ありがとう投信　03-5807-9710（フリーコール 0800-888-3900）
※ データは2013年5月末時点

アクティブ運用のファンドを組み入れ、日本も含めた世界へ分散投資（その5）セゾン資産形成の達人ファンド

セゾン投信が設定・運用しているもう1本のファンドが『セゾン資産形成の達人ファンド』です。『セゾン・バンガード・グローバルバランスファンド』が組み入れているのは、世界中の株式市場と債券市場に投資しているインデックス型なのですが、『セゾン資産形成の達人ファンド』の投資先は、すべて株式型のファンドでアクティブ運用です。

長期的な資産形成を行なう場合、アクティブ型はインデックス型に勝てないというデータもありますが、海外では長期にわたって優れた運用実績を残しているファンドがたくさんあります。これらを選択することによって、このファンドは設定来の騰落率が＋11・54％、直近3年の騰落率は＋64・15％と、もう1本の『セゾン・バンガード…』よりもだいぶいい成績をおさめています。

同ファンドに組み入れられているファンドは全部で9本。国・地域別の投資比率では北米が40・5％で第一位。海外資産については、他のファンドと同様為替ヘッジをかけていないため、円高進行時には基準価額の下落要因になりますが、円安局面では基準価額の上昇要因となります。運用管理費用はインデックスファンドの『セゾン・バンガード・グローバルバランスファンド』に比べると若干高めですが、より良い運用成績が期待できるアクティブファンドを見つけるコストと考えてください。

おすすめの投資信託 その5

セゾン資産形成の達人ファンド
（セゾン投信）

基本データ	
設定日／純資産残高	2007年3月15日／ 99億9000万円
運用管理費用（実質）	1.3%±0.2%
信託財産留保額	0.1%
購入／最低積立額	セゾン投信（直販）／ 5000円～

投資先の配分　株式100

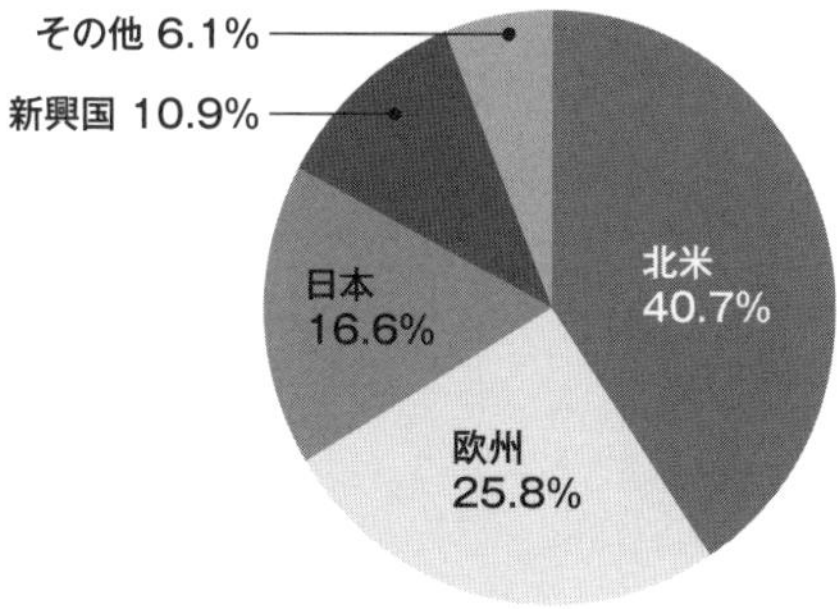

組み入れファンド（9本：ファンド・オブ・ファンズ方式）

バンガード 米国オポチュニティファンド（米国株）
T. ロウ・プライス・ファンズ SICAV - US ラージキャップ・グロース・エクイティ・ファンド（米国株）
T. ロウ・プライズ・ファンズ SICAV - US ラージキャップ・バリュー・エクイティ・ファンド（米国株）
ニッポンコムジェスト・ヨーロッパ・ファンド SA（欧州株）
ニッポンコムジェスト・エマージングマーケッツ・ファンド SA（新興国）
TMA 長期投資ファンド（日本株、先進国株）
スパークス・集中投資・日本株ファンド S（日本株）
スパークス・長期厳選・日本株ファンド（日本株）
コモンズ 30 ファンド（日本株）

問 セゾン投信　03-3988-8668
※ データは2013年5月末時点

国内外の株4割、債券4割、REIT（不動産）2割のバランス型ファンド
（その6）SBI資産設計オープン「資産成長型」

ネット証券会社であるSBI証券専用のファンドです。ここで取り上げているファンドの中では、最も多様な資産クラスに分散投資しています。新興国株式には投資していませんが、国内外の株式、債券に加えて、REIT（不動産投資信託）にも投資しています。基本的な投資配分比率は国内株式20％、国内債券20％、外国株式20％、外国債券20％、国内REIT10％、外国REIT10％です。

決算は年1回で、その際に運用収益が得られていた場合には、その一部を分配します。また、この「資産成長型」以外に「分配型」もあり、こちらは2か月に1度、奇数月に収益分配を行ないます。ここ数年、分配型のファンドが人気を集めていますが、長期的な資産形成を前提にファンドを購入するのであれば、やはり資産成長型を選択するべきでしょう。

コスト体系は購入手数料がかからないノーロード型で、年間の運用管理費用は実質ベースで0・714％。ただ、同ファンドは解約する際に、0・15％の信託財産留保額が取られるという点には留意しておいてください。

純資産残高は、2013年5月末時点で68億9700万円。過去、大きな資金流出に見舞われたことはなく、安定して資金が流入しています。また、500円からの積立購入も可能なので、手軽に投資できます。

おすすめの投資信託 その6

SBI資産設計オープン（資産成長型）〈スゴ6〉
（三井住友トラスト・アセットマネジメント）

基本データ	
設定日／純資産残高	2008年1月9日／68億円9700万円
運用管理費用（実質）	0.714%
信託財産留保額	0.15%
購入／最低積立額	SBI証券／500円～

投資先の配分　株式40：債券40：REIT20

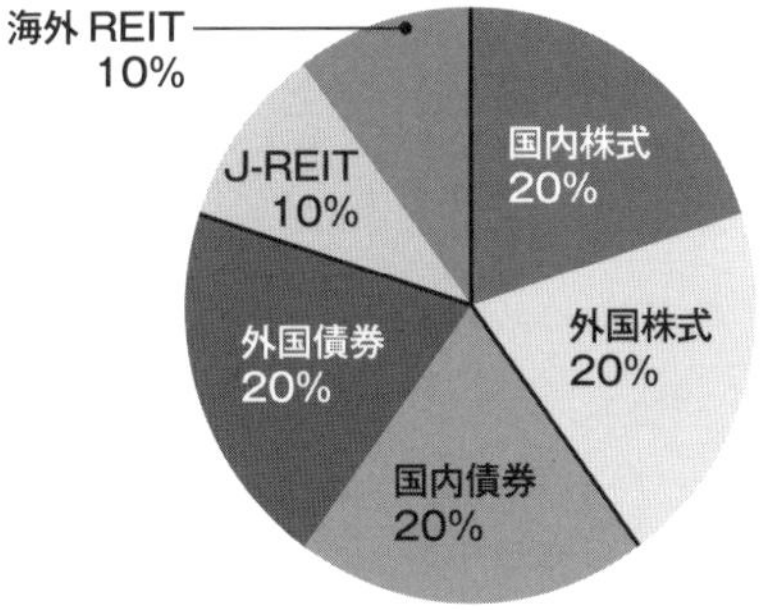

組み入れファンド（6本：ファミリーファンド方式）

国内株式インデックスマザーファンド
外国株式インデックスマザーファンド
国内債券インデックスマザーファンド
外国債券インデックスマザーファンド
J-REIT インデックスマザーファンド
グローバル REIT インデックスマザーファンド

問 SBI証券0120-104-214
※ データは2013年5月末時点

世界の主要指数を組み合わせ、株と債券の半々に投資するコスト安ファンド（その7）世界経済インデックスファンド

世界経済の成長を捉えることを目的に運用されています。投資対象は6本のインデックスファンド。それぞれの指標とする指数は、国内株式が『TOPIX』、国内債券が『NOMURA−BPI総合』、先進国株式が『MSCIコクサイ・インデックス』、外国債券が『シティグループ世界国債インデックス』、新興国株式が『MSCIエマージング・マーケット・インデックス』、新興国債券が『JPモルガン・ガバメント・ボンド・インデックス−エマージング・マーケッツ・グローバル・ディバーシファイド』です。それぞれの投資比率は株式と債券の比率を半々にしています。

ただし、投資先の国に特徴があります。グローバル分散投資型のファンドでは、新興国の株式や債券も組み入れて運用するタイプがありますが、同ファンドはそのなかでも、特に新興国市場の投資比率が高めになっています。その分リスクも高めになりますが、長期投資を前提にするならば、やはり新興国市場への投資は必要。ただしボラティリティ（変動幅）が高めになる可能性があるので、基準価額が下がったとしても、長期で保有できるゆとりが欲しいところです。その意味では、年齢層が若い人向けのファンドともいえそうです。また、海外資産については為替ヘッジを行なわずに運用されます。したがって、円高が進むと基準価額は下落、円安になれば逆に上昇します。

おすすめの投資信託 その7

世界経済インデックスファンド
(三井住友トラスト・アセットマネジメント)

基本データ	
設定日/純資産残高	2009年1月16日/36億6100万円
運用管理費用(実質)	0.525%
信託財産留保額	0.1%
購入/最低積立額	楽天、SBI、 カブドットコム他/500円〜

投資先の配分 株式50:債券50

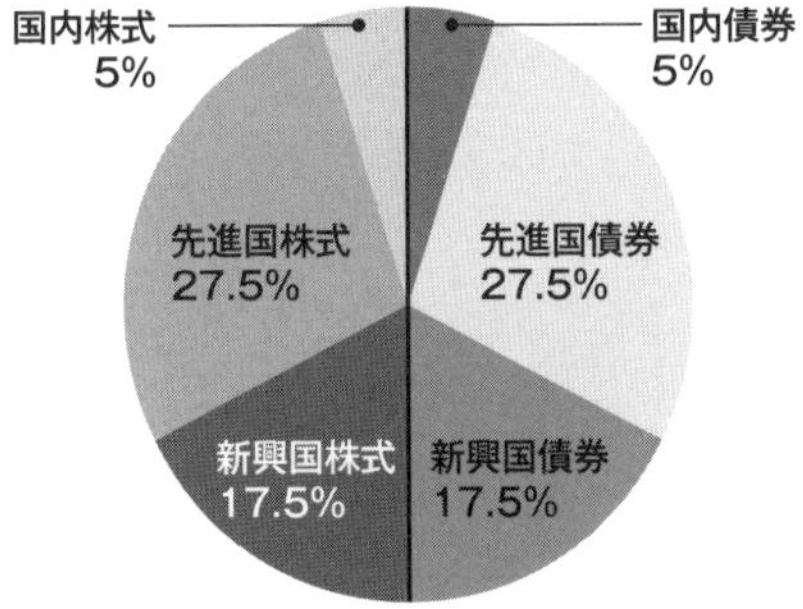

組み入れファンド(6本:ファミリーファンド方式)

国内債券インデックスマザーファンド
国内株式インデックスマザーファンド
外国債券インデックスマザーファンド
外国株式インデックスマザーファンド
新興国債券インデックスマザーファンド
新興国株式インデックスマザーファンド

問 楽天証券 0120-188-547
SBI証券 0120-104-214
カブドットコム証券 0120-390-390
※ データは2013年5月末時点

新興国への投資比率が4割と高め。世界の株へ投資する直販ファンド
(その8) ユニオンファンド

独立系投資信託会社であるユニオン投信が設定・運用しています。ありがとう投信などと同じように、ファンド・オブ・ファンズ形式で運用されますが、特徴は新興国市場への投資比率が高めであること。2013年5月末時点の投資の目標比率を見ると、国内株式が12%、欧米先進国株式が38%、新興国株式が50%となっていて、新興国の割合が大きいファンドです。

直接販売のファンドなので、購入する際にはユニオン投信に口座を開き、直接購入する形になります。購入手数料はありません。また運用管理費用ですが、こちらは基本的に年0.84%。これに、ファンド・オブ・ファンズとして複数のファンドを組み入れて運用するため、その投資先ファンドの運用コストが上乗せされ、実質ベースでは年1.9%±0.3%になります。基本的に投資先となるファンドがアクティブ運用型であること、より良い運用成績が期待できるファンドを探し、アセットアロケーションを決定するなどの手間がかかるため、運用管理費用はインデックスタイプのファンドに比べると割高になります。なお、外貨建て資産については為替ヘッジを掛けないため、円高局面では価額が下落、円安では価額が上昇します。

なお、新興国株式市場への投資比率が40%にも達しているため、分散投資型のファンドの割に、基準価額の値動きが大きくなる傾向があります。実際に投資する際には、その点を考慮に入れて、長い時間軸で運用できる資金を充てるようにしましょう。

おすすめの投資信託 その8

ユニオンファンド
（ユニオン投信）

基本データ	
設定日／純資産残高	2008年10月20日／ 20億6744万円
運用管理費用（実質）	1.9%±0.3%
信託財産留保額	0%
購入／最低積立額	ユニオン投信（直販）／ 1万円～

投資先の配分　株式100

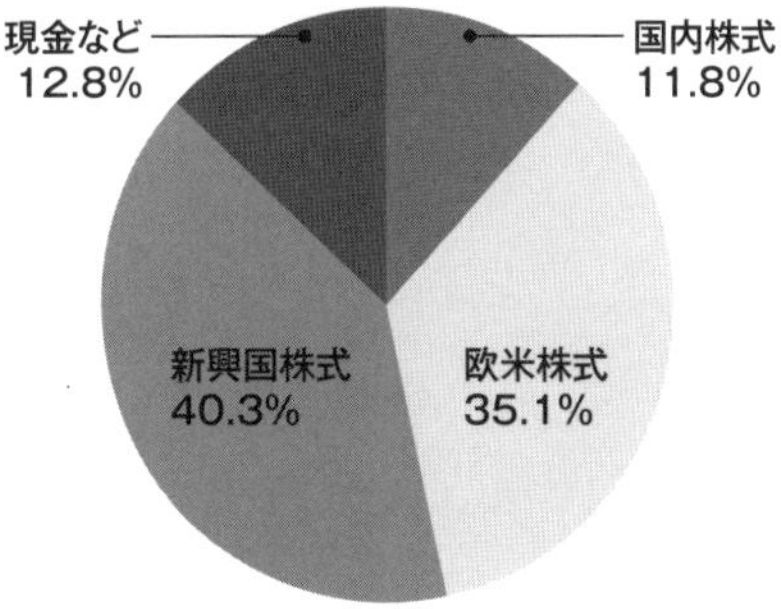

組み入れファンド（4本：ファンド・オブ・ファンド方式）

さわかみファンド（日本株）
キャピタル・インターナショナル・グローバル・エクイティ・ファンドクラス A（欧米株）
ALAMCO ハリス グローバル バリュー株ファンド 2007（欧米株）
ニッポンコムジェスト・エマージングマーケッツ・ファンド SA（新興国株）

問 ユニオン投信　0263-38-0725
※ データは2013年5月末時点

株と債券の両方へ投資。アクティブファンドを選択しているのにコスト安！（その9）楽天資産形成ファンド

国内外の株式、債券に投資するこのファンドの特徴は、投資先がインデックスファンドではなく、外国債券以外は、アクティブファンドが投資先ということ。しかし、運用管理費用が0・525％を実現しています。これらのマザーファンド、ベビーファンドは、運用管理費用が1％以上のものばかりなので、非常にローコスト、自分で組み合わせるよりもおトクといえるでしょう。また、購入は楽天証券のみでノーロード、積立は月々1000円から可能です。

投資配分に関しては、株式と債券に分散しており株式の比率のほうが若干多めですが、ほぼ半々というところは『セゾン・バンガード・グローバルバランスファンド』と似ています。しかし、内容的には、日本株、日本債券への比率が多く全体の6割を超えています。ちなみに『セゾン～』の日本への投資配分は、株式、債券の比率を合わせても15％以下です。日本株、日本債券の割合が多いため、ほかの8本のファンドと比べると為替の影響は受けにくいと言えそうです。

ただし、2013年5月末時点の純資産残高は11億2500万円と、他のファンドと比べてもかなり小さいので、実際に投資するならば、もう少し純資産残高の規模が大きくなってからでも遅くはないかもしれません。

おすすめの投資信託 その９

楽天資産形成ファンド〈楽天525〉
（明治安田アセットマネジメント）

基本データ	
設定日／純資産残高	2008年12月1日／11億2500万円
運用管理費用（実質）	0.525%
信託財産留保額	0%
購入／最低積立額	楽天証券／1000円～

投資先の配分　株式51：債券46

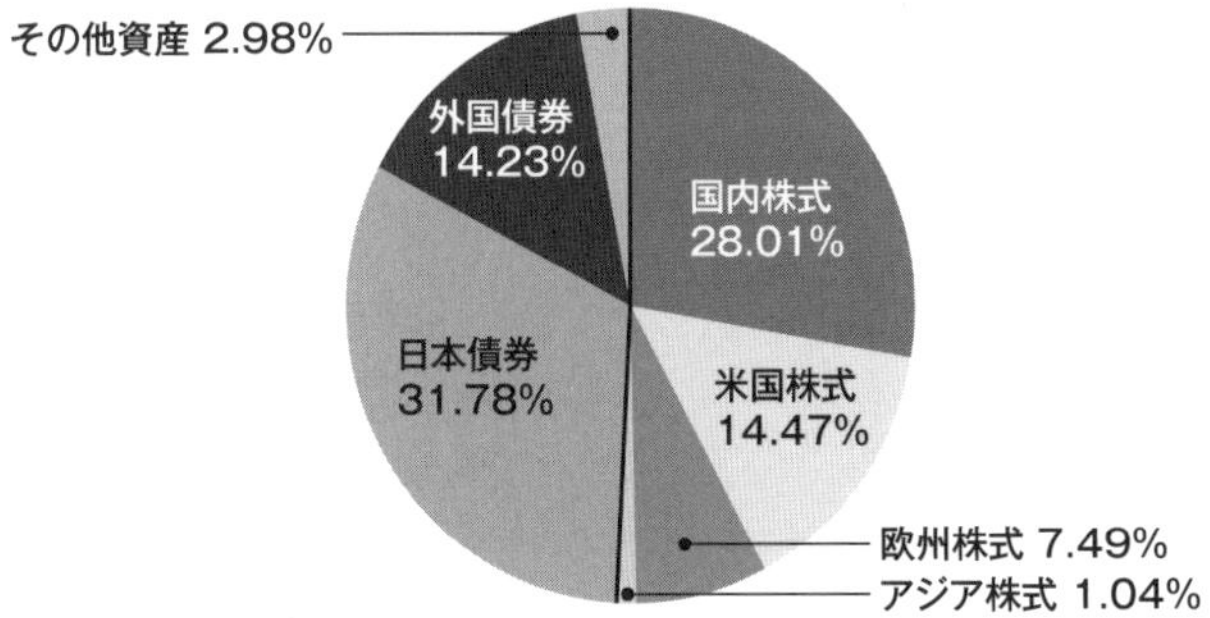

組み入れファンド（6本：ファミリーファンド方式）

明治安田日本株式マザーファンド
明治安田アメリカ株式マザーファンド
明治安田欧州株式マザーファンド
明治安田アジア株式マザーファンド
明治安田日本債券マザーファンド
明治安田外国債券インデックス・マザーファンド

問 楽天証券　0120-188-547
※ データは2013年5月末時点

なぜ、前著のおすすめ3本が外れてしまったのか

今回、新たに選び直したところ、私の前著である『投資信託は、この8本から選びなさい。』で、スクリーニングして残った8本の中から、残念ながら外れてしまったファンドが3本ありました。それは

『マネックス資産設計ファンド〈育成型〉』（DIAMアセットマネジメント）

『グローバル・インデックス・バランス・ファンド』（三井住友トラスト・アセットマネジメント）

『三井住友・バンガード海外株式ファンド（旧：『トヨタアセット・バンガード海外株式ファンド』）』（三井住友アセットマネジメント（旧：トヨタアセットマネジメント））

以上の3本です。この3本が外れた原因はただひとつ。資金流入額がマイナスになってしまった年があったということです。そのほかのスクリーニング条件、つまり、分配金を再投資していたり、銀行から自動引き落とし可能といった条件はすべて変更なく満たしていました。

正直、長期保有を前提にして選んでいましたので、私の考える長期保有が可能なファンドという観点から外れてしまったのは残念ですが、状況をつぶさに観察すると、3本ともに販売金融機関の事情が、ファンドの継続的な資金流入に影響を及ぼしたといえます。そして、それは日本の投資信託業界がいかに貧弱か、という状況を示すものでもあります。

図4-9 投資対象から外れた3つの投資信託

ファンド名	運用会社	資産増減額（億円）			
		2010年3月~2011年2月	2011年3月~2012年2月	2012年3月~2013年2月	合計額
三井住友・バンガード海外株式ファンド（旧：トヨタアセット・バンガード海外株式ファンド）	三井住友アセットマネジメント（旧：トヨタアセットマネジメント）	7.42	5.82	−13.57	−0.33
マネックス資産設計ファンド〈育成型〉	DIAMアセットマネジメント	3.52	3.62	−2.51	4.63
グローバル・インデックス・バランス・ファンド	三井住友トラスト・アセットマネジメント	2.83	2.12	−1.23	3.72

まず『マネックス資産設計ファンド』と『グローバル・インデックス・バランス・ファンド』に見られるケースですが、両者とも、販売会社である証券会社で積極的に売ろうという存在感のある商品ではなくなってしまったようです。販売会社は、前者がマネックス証券のみ、後者が野村證券のみ。マネックス証券の場合、この投資信託以外にも、今回の9本に入っているようなeMAXISシリーズ、SMTシリーズなど低コストのインデックス型投信を多数取り揃えているため、徐々にこの『マネックス資産設計ファンド』の存在感が薄くなってきてしまったということでしょう。

しかも2012年12月からは解約額が大きく膨らんできました。これは、恐らくマーケットが回復し、基準価額が上昇したことによる「やれやれ売り」（ずっと塩漬けだった商品の価格が上昇して、その額が買値近く、またはプラスになったので、売ってしまうこと）が増えたものと思われます。

一方、『グローバル・インデックス・バランス・ファンド』は、もともとジョインベスト証券という、野村證券系のネット証券会社が販売していたファンドでしたが、同社が消滅、今は野村證券に引き継がれて販売されているのが現状です。ただ、野村證券といえば他にも多数のファンドを扱っているわけで、わざわざ吸収した証券会社が販売していた低コストの投信に力を入れて営業するようなことはありません。結果、同ファンドの資金流入が減っています。いずれ繰上償還されるというリスクも、考えておいたほうが良いのかも知れません。

また旧：『トヨタアセット・バンガード海外株式ファンド』は経営環境の変化が影響しています。この投信を運用していたトヨタアセットマネジメントは、２０１３年4月に三井住友アセットマネジメントに吸収されました。また、同ファンドは以前、マネックス証券とトヨタＦＳ証券が販売主体でしたが、このうちトヨタＦＳ証券は東海東京証券に吸収されています。こうした環境の変化によって、商品の位置づけがあいまいになり、販売金融機関がメインで販売する商品ラインナップに乗りにくくなっている側面があると思います。また、場合によっては窓口で積極的に他の商品への乗り換えをすすめられていることも考えられます。

いずれにしても、販売金融機関を介して販売されているファンドで長期保有をする場合は、資金の流入状況をしっかりチェックしておく必要があると言えます。

5章

「長期投資」にまつわる、みんながいちばん知りたいこと

私は、長期投資の魅力を多くの皆さんに知っていただきたいと、全国のいろいろな場所で、資産運用や投資に関して話す機会を持つように努めています。

この章では、私が多くの方からご質問を受ける、投資信託や長期投資に関しての疑問などにお答えしていきたいと思います。

Q.退職金、ボーナスなど、まとまったお金があったら一括購入をしてもいいのでしょうか?

投資信託の購入方法は2つあります。ひとつはまとまったお金で購入する「スポット購入」、もうひとつは「積立購入」です。

ここまで、長期の資産形成には積立投資が良いという観点から説明をしてきましたが、別にスポット購入がいけないと言っているわけではありません。そもそも投資というものは、ある程度、まとまった資金があったほうが、早く財産を築くことができます。いわゆるお金持ちの方たちが、「使ってもお金が増える」などとうらやましいことをおっしゃるのは、元金が豊富にあるからです。100万円を投資した場合、年7%で運用できたとしても、得られる利益は7万円ですが、1億円を動かすことができる人なら、同じ運用利回りでも700万円の利益になります。

それこそ5億円の運用資金があったら、7%でなく3%の利回りでさえ1500万円の利益が得られます。この差は、資産を築いていくうえで非常に大きいといえるでしょう。

それに、もし5億円もの資金があったら、何も慌てて資産運用をする必要など、どこにもないわけです。

でも、元金が全くなく、しかも給料さえ不安定で、将来の生活が不安という人の場合、悠長なことを言っている暇はどこにもありません。そういう人にとって、どういうソリューションが必要なのか、ということを考えたとき、まず浮かんでくるのが積立投資なのです。

積立投資の良いところは、上がっても嬉しい、下がっても嬉しいと考えることができるところにあります。

もちろん、自分が投資している投資信託の基準価額が値上がりすれば、それは誰でも嬉しいはずです。

では、下がったらどうなるでしょうか。スポット購入している場合、一度にまとまった資金を入れていますから、投資している投資信託が値下がりして、自分の買った基準価額を割り込んでしまうと、もうその時点で「損した……」と思って意気消沈してしまいます。

ところが、積立投資なら、たとえ基準価額が下がっても、購入できる口数は増えていくのです。これが一種の精神安定剤になります。

「精神安定剤なんて対症療法に過ぎないし、そもそも上がると思うから買うのに、下がることを想定して積立投資をするなんておかしい。積立投資は無意味だ」という意見があるのは、百も承知です。

でも、多くの人は、上がるかもしれないと思っているけれども、自分のそういう判断については、実は半信半疑であるのが普通だと思います。だから結局、「下がったら怖いからな～」などと考えあぐねているうちに、さらに価格が上昇してしまい。後になって「しまった！」などと後悔することになります。

価格がどんどん下落しているときに、「ここだ！」とタイミングを計って投資できるほど勇気のある人というのは、本当に少数です。だから、積立投資というのは、ほんのちょっとの勇気が欲しいと思っている人にとっては、とても有効な投資手段になるのです。言うなれば、値段の呪縛から自由になれるのです。

そのうえ、買っていることを意識せずに済むというのも、魅力のひとつです。毎日の食事、あるいは毎日飲んでいるビールなどと同じように、日常の決まった支出のひとつとして、投資を考えることができるようになります。

では、ある日突然、まとまったお金が出来てしまったときは、どうすれば良いのでしょうか。

たとえば会社を退職して退職金が入ったり、遺産を相続したりして、まとまったお金が入るというケースは、誰にもあり得る話です。もっと身近な例を挙げると、ボーナスで多少、余裕のあるお金が入るということもあるでしょう。

当然、そのまとまったお金を現金のまま持っていてももったいないので、何とか運用する必要があります。

ボーナス資金運用であれば、それほど悩む必要はありません。運用に回すことのできるお金で、そのまま投資信託を買い付ければ良いだけです。ボーナスの場合、会社が払ってくれる限り、夏と冬に定期的に入ってきますから、そのお金を年2回、増額投資したと思えば、たとえば10年間、20年間という長い期間で見れば、実質的に半年に1度のペースの「積立投資」をしているのと同じことになります。

これが退職金や遺産相続で1000万円が入ってきたというような場合には、タイミングを見て、今がかなり安い水準だと自信を持って思えるのであれば、全額まとめてスポット購入しても良いでしょう。でもたいていの方は「もしもっと下がったら……」という不安があると思います。そういう場合は、やはり分けて購入することをおすすめします。たとえば、1000万円なら5〜10回くらいに分けて買っていくのです。

投資信託のように、さまざまな資産に分散投資しているような金融商品を買う場合、果たして今の基準価額が割安なのかどうかということが、分かりにくいのが現実です。そうである以上、やはりまとまったお金が入ってきたときも、ある程度、自分で分散して購入する意味はあるはずなのです。

ただし、ここは是非とも注意していただきたいのですが、たとえばまとまったお金が1000万円入ってきたとして、それを数年かけてチマチマ買っていくというのは、逆に運用の効率を下げてしまうことにもなりかねないということです。仮に1000万円を10年かけて積立投資する場合、毎月の積立金額は8万3333円。約8万円としても、それを1000万円分積み立てていくためには、10年かかるわけですし、その間にその1000万円に絶対手をつけない、と誰が言い切れるでしょうか。そして、その間、投資に回されずに待機しているお金は、預貯金などに死蔵していることになります。**投資に出すというのは、お金に働いてもらうということです。10年近くも働かない＝何も生み出さない、というのは何とももったいない話です。**

やはり長くとも1年くらいの間に、すべての資金を投資信託なり、他の投資商品なりに置き換えていけるようなプランを考える必要があります。

A.

投資信託の購入時期の見極めは難しいもの。1年くらいかけて、分散して購入することをおすすめします。

Q.「今はお金がない」ので、「もう少し余裕ができてから」投資を始めてはダメですか？

「投資は余裕資金でやりましょう」

よくこのようなアドバイスをされる方がいらっしゃいます。確かに投資はリスクのあるものですから、衣食住など生活に必要な資金を充ててしまうと、いざ損失が生じたとき、どうしようもなくなって解約せざるを得なくなり、その時点で損失を発生させてしまうということになります。本書の冒頭でも申し上げましたが、世界経済はまだまだ右肩上がりで成長していきますから、全世界へ投資するコストの安い投資信託を買って、持ち続けていれば、多少、価格が下がることがあったとしても、その後の上昇によって損失はカバーできますし、逆にとても大きなリターンが返ってくることもあるはずです。

でも、「余裕資金が出来たら投資しよう」という心構えでいると、いつまで経っても投資できないということにもなりかねません。

恐らく、そんなに余裕しゃくしゃくで生活が出来ている人など、ほとんどいないでしょう。毎月のお給料から生活に必要なお金、保険の掛け金、各種ローンなどを払っているうちに、もうお給料袋の中身は空っぽという方も少なくないと思います。それでも、何とかして将来、お金に困らないような対策を考える必要があるからこそ、投資をするわけです。

なので、**毎月のお給料をもらったら、そこから各種必要経費を差し引いて、余ったお金で投**

資をするという発想を、逆転させる必要があります。

つまり、毎月のお給料から、「これだけなら何とか続けることができる」という金額を弾《はじ》き出し、それをまず差し引いて投資に回してしまうのです。そして、残ったお金で生活するようにしましょう。

それは無駄な保険を解約したり、行ってもいないスポーツクラブを退会する、もしくは飲みに行くのを1回減らす、といったようなことで簡単に実現できるかもしれません。ちなみに、**前章でおすすめした9本の投資信託はほとんどが500〜5000円といった少額からの「コツコツ積立投資」ができるものです。**

簡単な目安を、ここで提示しておきます。毎月ある金額を積立して7％で運用したとき、30年後の元利合計金額がいくらになるのか、という数字です。

たとえば毎月5000円だと、30年後にいくらになるでしょうか。

毎月5000円で30年間というと、この間に360回積立することになりますから、5000円×360回＝180万円が積立の元本になります。これを積み立てながら30年間、年7％の利回りで運用できたとすると、30年後の合計額は588万324円になります。

どうですか？　たった5000円でもバカにならないでしょう。もし、ある程度毎月の余裕があり、5万円ずつ積み立てていくことができたら、その10倍、何と約6000万円の資金を作ることができるのです。元手がない人ほど時間を味方につけることで、複利でお金を増やす

図5-1 毎月、少しずつでも投資に回すと将来、差がつく！

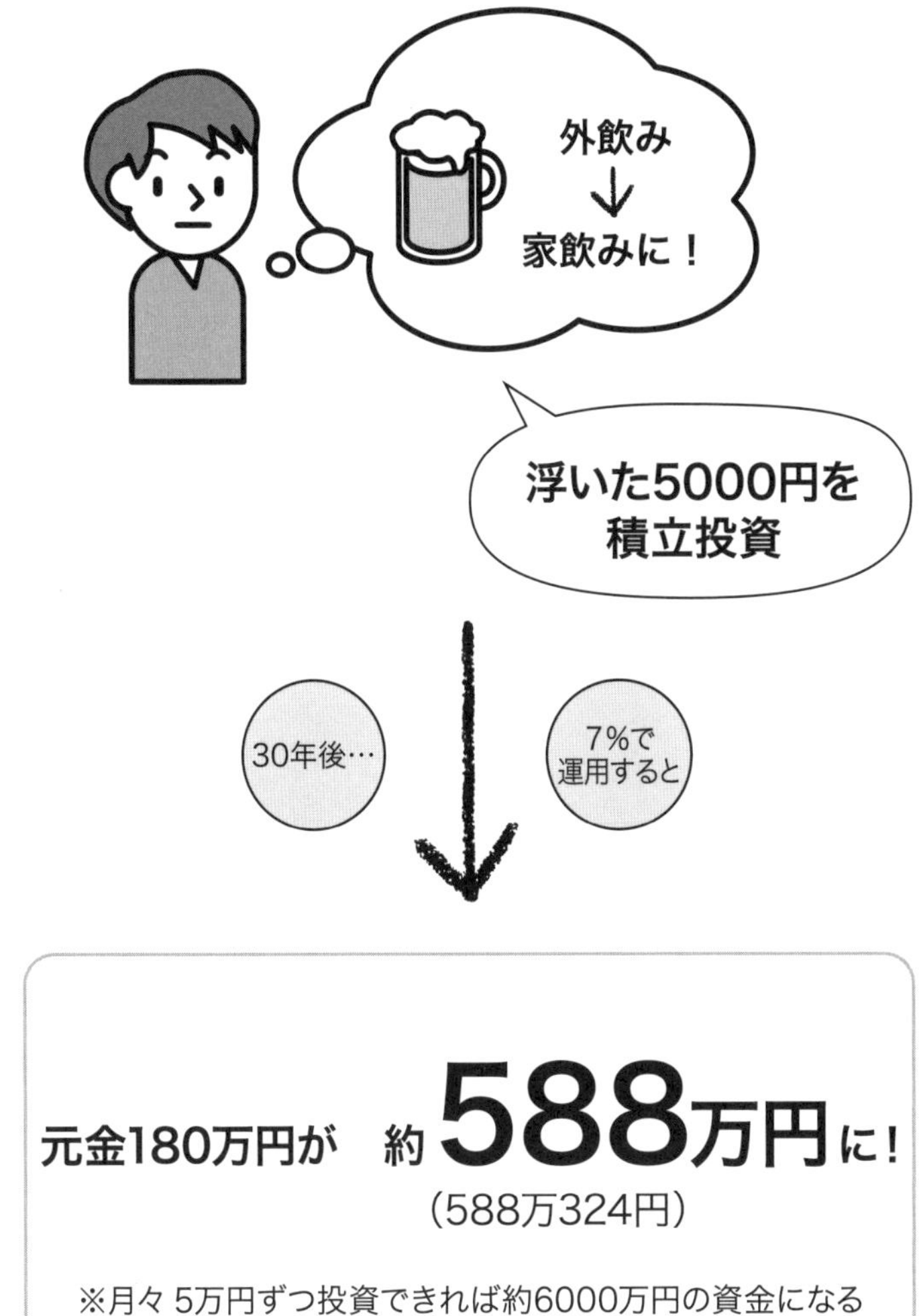
外飲み
家飲みに！
浮いた5000円を
積立投資
30年後…
7%で
運用すると
元金180万円が 約588万円に！
(588万324円)
※月々 5万円ずつ投資できれば約6000万円の資金になる

ことができるのです。

A. 長期投資は元手がなくても始められます。まずは月々5000円でもいいので、積立を始めてみましょう。長期で積立を続けていくことで、将来大きくお金が育ちます。

Q. 購入した後、ほったらかしはダメと言われました。「リバランス」は必要ですか？

リバランスについては前章で少し説明しましたが、**これは、最初から国際分散投資を行なっている投資信託であれば、投資信託会社がやってくれますから、はっきりいって必要はありません。**できるだけ資産運用に煩わされたくない、時間をかけたくない、という人は、国際分散投資型の投資信託を買ったほうが良いでしょう。

ですが、複数の投資信託を持っている方や、自分でポートフォリオを組んでいる方はリバランスは絶対に必要です。運用期間中には日本株が大きく上昇する反面、海外株式が大きく値下がりするということもあり、当初、25％ずつ均等投資していたはずなのに、どんどん投資配分比率が変わってきてしまうからです。実は、**「長期投資のキモはリバランスにあり」と言っても過言ではありません。**日本株がどんどん高くなってきて資産が増えていたとしても、そこは「買い増す」のではなく「売却」して、安くなって（=資産の割合としては減って）いる他の資産を購入してバランスを取るのです。

たとえば日本株式に25万円、海外株式に25万円、日本債券に25万円、海外債券に25万円で、合計100万円のポートフォリオを、それぞれに投資する投資信託で組んだとします。ETFなどで分散投資する人は、このようなケースが多いでしょう。1年後、それぞれの評価額が次のようになった場合、比率は下のようになります。

日本株式＝35万円　↓日本株式＝32・11％
海外株式＝20万円　↓海外株式＝18・35％
日本債券＝26万円　↓日本債券＝23・85％
海外債券＝28万円　↓海外債券＝25・69％
※評価額合計は109万円

本来、それぞれの資産が25％ずつの投資配分比率だったのに、大きく変わってしまったことが分かります。そこで、リバランスという手法を用いて、当初の25％ずつという均等の配分比率にできるだけ近づける必要があります。109万円の25％は27万2500円ですから、現在の評価額がそれを超えている資産については、超過分を売却して、足りない資産に付け足していくのです。もちろん、1円単位での売却は難しいので、大まかな数字に近づければ良いのですが、**上がっている株を売って、下がっている株を買い増す、というのは、心情的には難しい**

図5-2 くずれたバランスを「リバランス」でとりもどす

●最初は4等分（25%ずつ）だったのに…

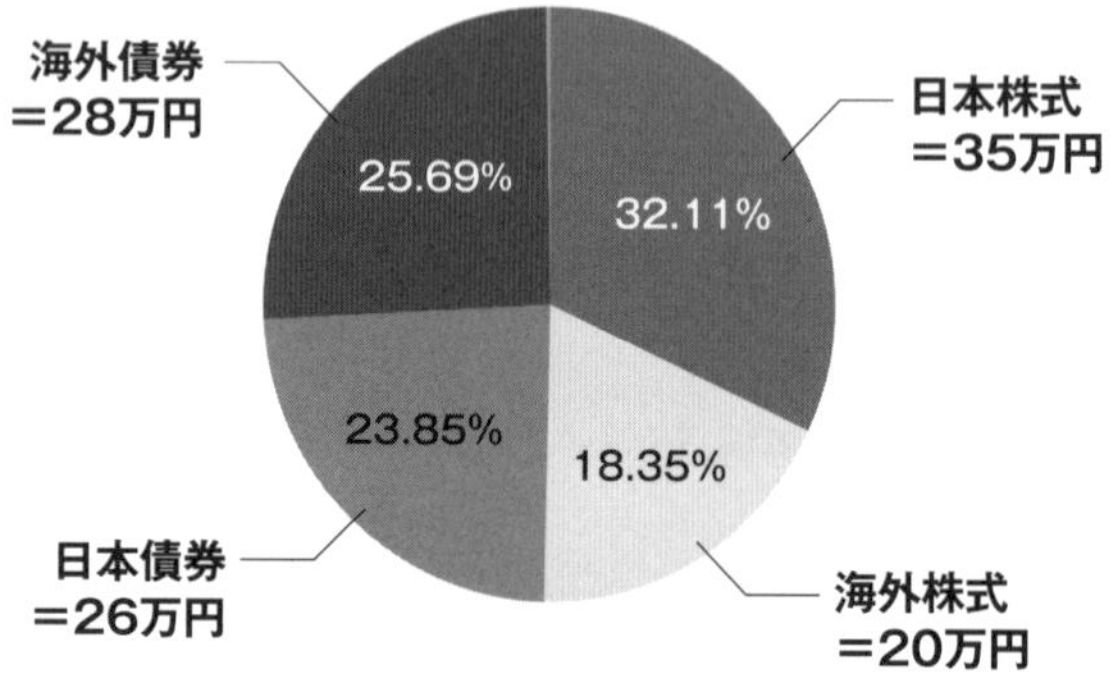

評価額合計は109万円

●リバランスして、割合をもどす

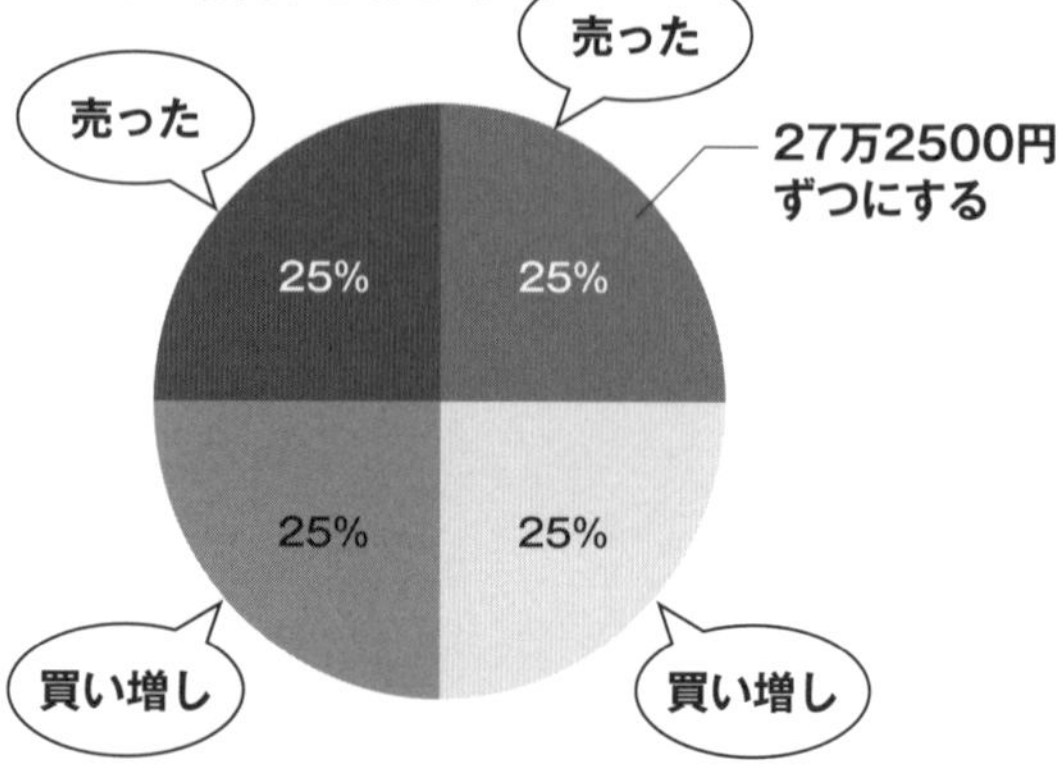

評価額合計は109万円

かもしれません。 ですが、この「リバランス」を定期的に行なうことによって資産運用は安定的に推移するのです。定期的にこのようなリバランスを行なうことは、自分でポートフォリオを組む場合には必要になってきます。できれば1年に1回は行なうべきでしょう。

こういったことが面倒なのであれば、やはり私がおすすめした9本の中から選びましょう。そうすれば、**ほったらかしでも大丈夫です。**

A.

国際分散型の投資信託を選べば、その投資信託を運用している「投資信託会社」がリバランスをやってくれるので自分でしなくても大丈夫！

Q. 購入した後、「基準価額のチェック」はどうしたらよいですか？

よく「投資信託はマーケット商品なので、今の基準価額がいくらなのかを定期的にチェックしましょう」とおっしゃる方がいます。

これは、**長期投資を前提にするのであれば、全くの無駄であると申し上げておきましょう。**

人は弱いもので、基準価額が上昇すると喜び、逆に基準価額が下落すると落胆します。たいていの人が「買ったときよりもプラスか、マイナスか」ということが気になって仕方ないものでしょう。
もちろん、短期のトレードをするのであれば、日々の基準価額に気を配っておく必要がありますが、20年、30年という長い間運用するのであれば、日々の基準価額の推移に気を配るというのは、あまり意味がありません。それを調べるのに、わざわざパソコンを立ち上げる時間さえ、もったいないと思います。

全く放置しておいて良いかというと、それはまた別の問題になります。たとえば複数の投資信託を用いて、自分で分散投資のポートフォリオを組んでいるような人は、リバランスの問題がありますから、やはり定期的に基準価額の動向をチェックしておく必要があります。

でも、国際分散投資型の投資信託で運用している場合は、リバランスもファンドマネジャーがやってくれるので、この手の投資信託で運用している人は、あまり基準価額の動きに気を取られないようにしたほうが良いでしょう。

どうしてか。**それは、値上がりしていても、値下がりしていても、「売りたくなる」のが人情だからです。**大きく値上がりしている場合、利益確定売りをしたくなる人は多いものです。もちろん、利益を確定させた後、他にもっと良い投資信託を買って、よりお金を増やすというのであれば問題ないのですが、ほとんどの人はそれができません。

逆に下がったときに基準価額を見ていると、狼狽して解約してしまうこともあります。「○○ショック」といったような全世界の株価が一斉に下がったときなどは、ついつい解約してすべて現金にしてしまったりします。

しかし、それだけは絶対に避けてください。世界経済の成長に乗るようなポートフォリオで運用している投資信託であれば、目先で値下がりしたとしても、いつか世界経済の成長に伴って、基準価額は上昇していきます。特に積立投資をしている人ならなおのことそうです。

何しろ、基準価額が下がったほうが、より多くの口数を購入できるのですから、むしろ基準価額が下がったことを喜ぶべきなのです。安いときに多く買えれば、購入平均単価は下がりますから、その後、少し株価が上向いただけでも大きくプラスに働きます。

長期投資は上がっても、下がってもずっと運用し続けるものです。

下がったらたくさん買えて嬉しい、上がったら資産が増えて嬉しい、そういうものなのです。基準価額をチェックすることで、上がっても下がっても売りたくなるならば、ハッキリ言って、見ないほうがいいのです。

A.

「基準価額」をチェックしていると、上がっても、下がっても売りたくなるもの。長期投資であれば、価格はあえてチェックしない！

Q. 購入した後に注意すべき点はなんですか？

投資信託の購入後は、基準価額は見ずにほったらかしでも大丈夫、と先ほど申し上げました。でも、1点だけ購入後に見てもらいたい項目があります。それは**「純資産残高」の推移**です。

本来、長期投資をするつもりで購入した投資信託なのに、いつの間にか資金がどんどん抜けてしまい、繰上償還されてしまうというケースもあり得ます。

特に日本の投資信託は、最初にどーんとお金が入って、時間の経過に伴ってどんどん解約が増え、最後にはもうどうしようもないくらい純資産残高が減って、その時点で繰上償還というケースが非常に多いので、やはり購入後も、純資産残高の傾向をチェックして、資金が流出していないかどうかを確認しておく必要があります。

ただ、これも前述しましたが、純資産残高だけを見て、資金が流出しているかどうかを判断するのは難しいと思います。なぜなら、純資産残高は投資信託に組み入れられている資産の時価総額なので、仮に組入資産の時価が下落していたら、たとえ解約による資金流出が生じていなかったとしても、純資産残高は減少傾向をたどってしまうからです。

ちょっと面倒かもしれませんが、ひとつの目安としては、**一定期間中における基準価額の騰落率と、純資産残高の増減率を比較するという方法があります。**

図5-3 資金流出を見分ける「純資産残高」の見方

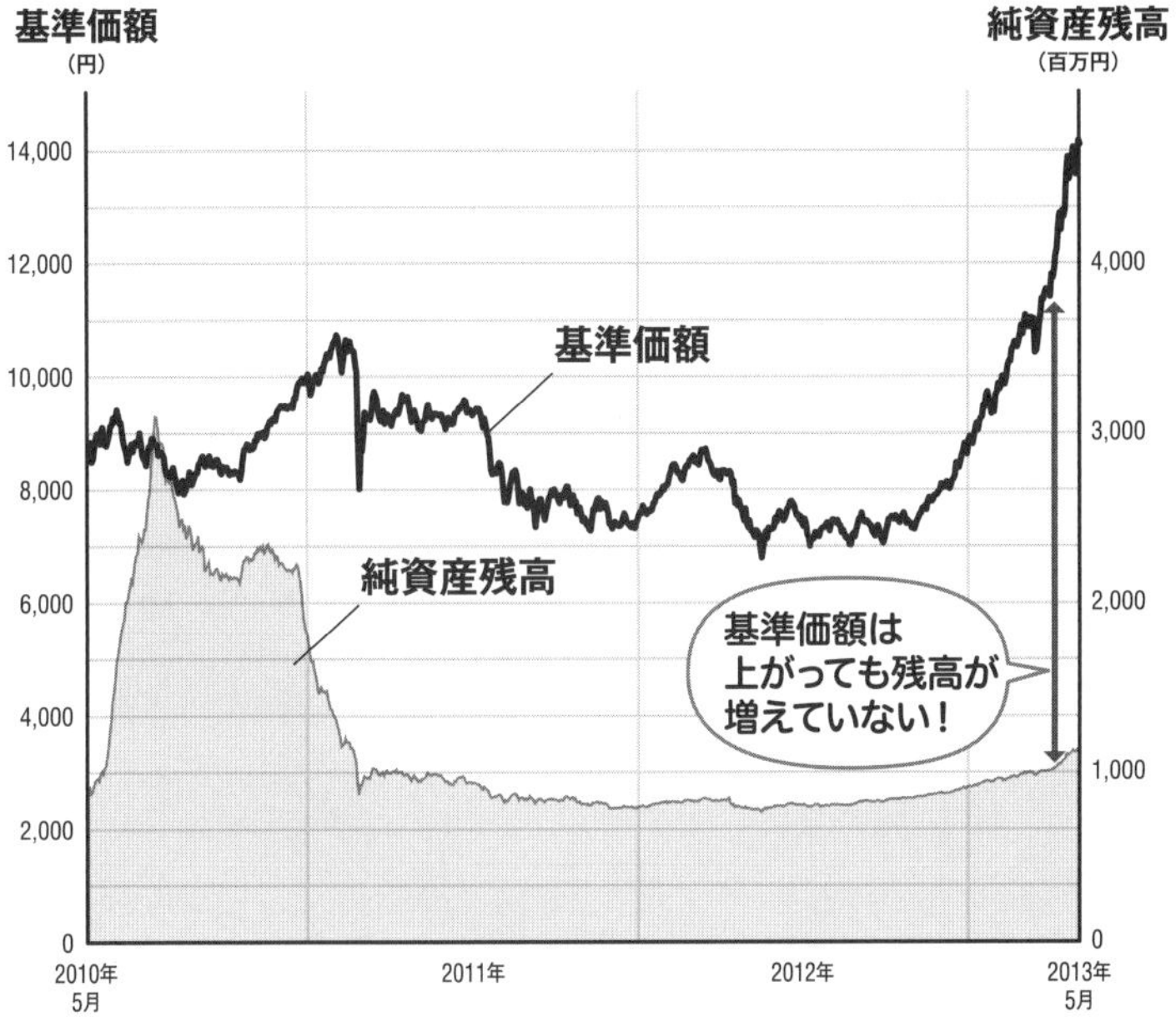

上記の投資信託は、「ナノテクノロジー」「クラウドコンピューティング」「スマートグリッド（次世代電網）」など、社会に変化をもたらしうる次世代の技術・分野へ投資する、いわゆるテーマ型の投信です。

2013年に入って市況が回復したため、基準価額は上がっていますが、純資産残高はほぼ変わりません。これは資金が流出しているということです。

※データ提供：モーニングスター

たとえば、1カ月間のうちに基準価額が10％上昇したとしましょう。ところが、この間に純資産残高が5％しか増えなかったり、あるいは5％減少していたりしたら、確実にその投資信託からは資金が流出していることになります。つまり、基準価額の騰落率に比べて、純資産残高の増減率が小さかったら、資金流出が生じていると判断できるのです。

もちろん、長い運用期間の間には、何度か資金流出気味になることもありますから、たった1カ月だけの数字を見て判断するのは危険です。なので、ある程度の経過観察期間を設けて、この間に資金流出している期間が多いかどうかを見るようにしましょう。半年程度の経過を見て、たとえば毎週、毎月、基準価額の騰落率を、純資産残高の増減率が下回るようだったら、慢性的な資金流出状態に陥っていると判断できます。そのときは、解約によって他の投資信託に乗り換えることも検討する必要があります。

A.

購入した後にチェックするのは「純資産残高」が増えているかどうか、その1点だけでOK。減っていたら解約を検討しましょう。

Q. 生活スタイルが変わってしまい、今まで通りの積立が厳しくなったら？

積立投資をしている人が時々する勘違いのなかに、「一旦、積立を始めたら、ずっと続けなければならない」と思い込んでいる人がいます。それが心理的な負担になって、ますます積立投資を始められないというわけです。

恐らく、これは生命保険などと混同してしまっているのではないでしょうか。

確かに生命保険の場合、途中で保険料が払えないということになったら、もちろんある程度の減額は可能ですが、それでもどうにも保険料が払えないという状況になると、保険契約を解約しなければならなくなります。そして二度と、当初の条件で加入することができなくなってしまいますし、ふつう払い込んだ金額よりも少ないお金しか戻ってきません。

でも、投資信託の積立投資の場合、このような制約は全くありません。もし、積立するだけのお金がないというのであれば、しばらく休めばいいのです。積立を休んだからといって、運用までストップされるようなことはありません。今まで積み立てたものに手を付けずに済むのであれば、そのまま積立だけを休んで、投資信託にあるお金だけを運用してもらい続ければいいのです。そうすれば、**積立によって投資元本を増やすことはできませんが、運用益は積み重なっていきますから、資産は徐々に増えていきます。**

もしくは減額も自由です。月々2万円の積立が困難になってしまったというのであれば、

1万円に減らせばいいのです。最近の積立投資は、それこそ1000円単位でできるところもありますから、かなりの程度、自分のキャッシュフローに合ったところで積立金額を自由に設定することができます。そして毎月の積立額は減らしても、ボーナス月には多めに購入するなど臨機応変に続ければいいのです。

絶対に避けたいのは、全額を解約して、現金に換えてしまうことです。これをやってしまうと、今まで積み立ててきたことがすべて無駄になってしまいます。

もし、どうしてもお金がなくて解約しなければならないという状況になったとしても、できれば、必要な分だけ解約して、その他のお金は残すようにすること。投資信託は一部解約も可能なので、すぐに全額解約するのではなく、なるべく長期積立投資が続けられるように資金繰りを考えることが大切です。

A.

投資信託の積立は「休む」「減額」するということができます。換金せずにできるだけ運用を続けることが重要です。

Q.すでにダメな投資信託を買ってしまっています。どうしたらよいでしょうか？

これは、申し上げづらいのですが、すぐに売却をおすすめします。

もう、ここまでお読みになられた方は察しているかと思いますが、**特に日本の投資信託でアクティブ型の場合、ダメになった投資信託の復活というのは、まずあり得ない話です。**

一旦、解約が多くなってきたら、どんどん資金は抜けていきます。そして、投資信託に残されたのは、ほとんどカスのような資産だけということになります。そのような投資信託を持ち続けていたとしても、また基準価額が回復するなどということは、あり得ません。

解約しようかどうしようかと迷った挙句、結局、解約に踏み切ることができないという人は、結構いると思います。そういう人が、何をそんなに悩んでいるのかというと、自分が購入したときの基準価額を忘れることができないことが多いようです。

たとえば、ある投資信託を1万円で買ったとします。その後、マーケットの状況が悪化して、基準価額が4000円にまで値下がりしてしまったとしましょう。この現状を目の当たりにしたら、多くの人が頭を抱えるでしょう。そして、こう思うはずです。

「今解約したら、6000円も損失が出てしまう。でも、解約しないで持ち続ければ、6000円の損失はあくまでも含み損だ。それに我慢して持ち続けていたら、いつかマーケットが回復して、1万円に戻るかもしれない」

アクティブ型の投資信託ではなく、インデックス連動型や、株の場合は銘柄によって、あり得るかもしれません。

ですが、アクティブ型の**投資信託の場合は難しい**のです。理由は、これまでも申し上げたとおり、基準価額が大きく値下がりする局面では、同時に解約も生じているはずですから、投資信託に残された資産は、もうどうしようもないクズ株式、クズ債券ばかりになってしまっている恐れがあるのです。そんな資産ばかりになってしまったら、いくらマーケットが上昇したとしても、若干は戻るにしても元の基準価額に戻るということは考えられません。

では、どうしても自分が買ったときの基準価額が忘れられないという場合、どうすればよいのでしょうか。

そのときは、一度冷静になって、次のように考えてみてください。

「今、4000円の基準価額になっているこの投資信託を購入して、長期保有することができるだろうか」と。

そう考えると、「いや、どう考えても、この投資信託の基準価額が4000円から1万円に戻る可能性は少ない」と判断できるのではないでしょうか。そう思ったのならば、すぐに解約して、次の運用先に乗り換えたほうがよいでしょう。

ただ、ここで絶対にやってはいけないことが、ふたつあります。

まず、その保有している投資信託が、おすすめされて購入したとしたら、再び「おすすめの」投資信託を買うのはやめてください。何度も申し上げましたが、販売金融機関は手数料が欲しいわけですから、「今、おすすめしやすい」「株価、話題性ともにピークの」投資信託をすすめてくることは十分に考えられます。

特に購入時手数料をしっかり取るような投資信託で乗り換えを繰り返していたら、この手数料だけでどんどん元本が目減りしてしまいます。単なる短期トレードで、いたずらに次の投資信託、次の投資信託というように乗り換えていくのはやめたほうが良いのは言うまでもありません。

ふたつめは解約したお金を銀行預金などに戻してしまうことです。これでは、何の意味もありません。そもそも、４０００円になったものを、銀行預金に預け直したからといって、１万円に戻るためには、今の金利水準から考えると、それこそ天文学的な年数が必要になります。

安易におすすめされたものを購入しない。そしてお金を遊ばせておくのでもなく、もっとしっかりした運用をしてくれる投資信託を探す努力をするべきです。

A.

ダメな投資信託は、キッパリ売却。そして次の投資信託は、おすすめのものではなく自分で選んで購入してください。

Q.「長期投資」は、設定後、ほったらかし。これって案外、退屈なんですが……

最初に申し上げましたが、本書は「○○で1億円！」のような本とは違います。コツコツと少額から積立をして、資産をじっくり増やしていきましょう、という内容です。ですから、確かに長期の資産形成というものは、株式のデイトレードやFXの短期トレードに比べると、刺激はありません。つまらないと思う人もいるでしょう。

でも、刺激ばかりを求めた結果が今、どうなっているのでしょうか。株式にしてもFXにしても、その短期トレードで着実に利益を積み重ねている人というのは、個人トレーダー全体のうち、ほんの一握りです。なるほど刺激的です。何しろ、毎日ギャンブルをやっているようなものなのですから……。

そういうなかで生き残り続けるのは、本当に至難の業です。ラッキーなことに、ずっと勝ち続けることができて、相応の資産を築くことができたとしても、最後の1回のトレードで大失敗をし、今までの蓄積をすべて失ってしまうということも、十分に考えられます。それは資産形成ではなく、単なる「ギャンブル」です。

しかし、そう聞いても「それではつまらない」ですか？

それならば、今、株式のデイトレードやFXの短期トレードに励んでいる方は、それらをやめずに、その資金の一部を資産形成を目的にした長期投資に回してみてはどうでしょうか。そう、広い視点で捉えた「コア・サテライト」戦略です。

たとえば長期の資産形成を目的にした国際分散投資の投資信託をコアとして、株式のデイトレードやFXの短期トレードをサテライトとして、両者を組み合わせた運用を行なっていくのです。短期トレードで多少、失敗したとしても、ベースのところできちっと長期運用を行なっていれば、それは確実に心の安寧《あんねい》へとつながるはずです。

そのようにしていれば、十数年経過するとコアの部分は確実に大きな資産になっているはずです。そのときに、きっと「ああ、長期投資を続けていてよかった！」と思うに違いありません。

短期も含めいろいろな投資を20年やってきて長期投資に目覚めた私が、全力でおすすめしたいのがこの積立投資なのです。特に勉強も必要ない、投資テクニックも必要ないのがこの投資のいいところです。おまけに、日々忙しくてお金の運用を考えるヒマもない、まとまったお金もない、でもお金があったらやりたいことはいっぱいある！　そんな人に向いている投資です。

A.

資産作りは、国際分散型の投資信託を積立購入し、それ以外の部分で短期投資などをやってみる「コア・サテライト」戦略で投資をしてみてはどうでしょうか。

Q. 購入時手数料がゼロなのでトクだと聞きました。「直販投信」ってなんですか？

3章でも説明しましたが、投資家が、販売金融機関、いわゆる窓口を経由せずに直接、投資信託会社から、投資信託を購入するので「直販《ちょくはん》」と呼ばれます。

日本では「さわかみ投信」が始めた形式で、現在8社、12種類の投資信託があります。窓口では買えない、というと特殊なイメージですが、流れとしては、ネットや電話で、その投資信託会社に資料請求をして、その会社で自分の口座を開きます。

その後、積立であれば自分の銀行口座から決まった日に引き落としてくれる、という手順なので、新しくネットの証券会社に口座を開いたり、郵送で銀行口座を開いたり、という手間と全く同じで投資信託を購入できます。

さらに、この直販投信のいいところは、「長期投資」で個人投資家の資産作りをお手伝いしたい、という理念が明確なところです。

8社、12ファンドは、知らない人から見れば、同じようなイメージかもしれませんが、運用方針だけを見ても、アクティブ運用もあれば、インデックス運用もあります。また投資対象も、日本株のみや、株式の海外分散、株と債券までを国際分散……とさまざまです。

でも長期投資向きに、全部の投資信託がノーロード（購入時手数料ゼロ）で、運用管理費用はできるだけ低くしているのです。

さわかみ投信は独立系直販投資信託会社のパイオニア、澤上篤人社長（現会長）の強烈なカリスマ性と長期投資を貫徹したさわかみファンドの運用実績によって他の7社が続く上での成功モデルとなり、各社独自のビジネスモデル構築の手本となってきた会社です。さわかみ投信の成功がなければ、セゾン投信を含め次に続く独立系直販ファンドは存在し得なかったかもしれません。

また、渋澤健さん、藤野英人さん、中野晴啓の3名が草食投資隊としてトリオを結成し、3年ほど前から全国を回って長期投資の啓蒙活動を一緒に行なっています。渋澤さんはコモンズ30ファンドを運用するコモンズ投信会長、藤野さんはひふみ投信を運用するレオス・キャピタルワークスの創始者であり現取締役。つまりこの3人はいずれも独立系直販投資信託会社の創業者という共通項を持っています。そして長期投資で一般生活者の資産形成をまじめに支えていく本格的長期保有型ファンドを日本に定着させようという共通理念で結束して、個人投資家に新しいお金の流れを作ろうと一緒に奮闘中です。むろんコモンズ30ファンドもひふみ投信も立派な長期投資ファンドです。

その他日本の産業価値を密やかに支える小さな良い会社に長期投資する「結い2101ファンド」の鎌倉投信、セイコーエプソンの労働組合が出資母体となったユニオン投信、2013年にまた1つ新規の投信の運用を開始したクローバー・アセットマネジメント、いずれも本気で長期投資に取り組む真面目な投資信託会社です。

残念ながら、本書では純資産残高が少ないことあるいは国際分散投資でないなどの観点から、おすすめのリストからもれてしまったのですが、今後はこれらの独立系直販投資信託の運用額が増えていくと思います。

A.

投資信託会社が、個人投資家に、直接、投信を販売するスタイルが直販。現在、「直販」を行なっている投資信託会社は、全部で8社（98～99ページに表を掲載）。

Q.「長期投資」とは、何年くらいが「長期」なんですか？

長期投資をしましょう、という話をすると、よく返ってくる質問は、「長期投資って何年間、運用すればいいんですか？」というものです。

ある金融機関では、投資信託を購入しようとしている顧客に対して、「投資信託は長期投資が鉄則ですから、できれば3年から5年は保有してください」と説明しているそうです。

3年から5年の運用期間を長期投資と言ってしまうところに、投資信託を販売している金融機関の問題点があるように思えます。証券会社や銀行を通じて多くの投資信託が販売されていますが、その販売スタンスにこそ、今の投資信託業界が抱えている大きな問題点があるのです。

詳しくは、2章を再読してもらうことにして、改めて長期投資の定義について考えてみましょう。

私は、長期投資に期限はないと考えています。3年から5年程度の運用期間は、長期投資とは言えません。私が考える長期投資の定義からすれば、3年から5年程度では、中期投資にも含まれません。極端な言い方をすれば、短期投資に含まれると考えても良いでしょう。

では、私が思う長期投資というのは、どのくらいの期間を指すのか。それを、具体的に言うのであれば、「永久に運用すること」こそ、本当の長期投資だと思うのです。

スイスのプライベートバンクなどになると、それこそおじいさんの代からひ孫の代まで、何代にもわたって、その一族の財産管理を行なうということが、ビジネスとして成り立っています。それに近いイメージを思い浮かべてください。

もし、あなたがこれから長期投資を志し、毎月数万円程度ずつ積み立てていったとします。その目的は、あなた自身の老後生活に使うお金を貯めるためかもしれません。

でも、だからといって、自分が会社を退職したときから、すっぱりと積立投資を止めたり、投資そのものから手を引いたりするのが正しい行動かというと、それは間違いです。定年を迎えてからも、もし資金的に余裕があるのであれば、**積立投資を継続していけば良いし、あるいは積立投資は止めたとしても、引き続き投資信託などを活用した運用は、継続していくべき**でしょう。前述したように、これからの時代は公的年金の受給額が減らされたり、医療費負担が増やされたり、あるいはインフレで生活レベルが低下したりするリスクが想定されるので、運用を継続しておいたほうが、こうしたリスクから大事な資産を守ることにつながる可能性があるからです。

そして、お金が必要になったときは、随時、ファンドの一部を解約することによって、現金を手にすれば良いのです。**投資信託は一部解約が可能なので、当面、必要な資金だけを解約し、残りはそのまま運用を継続させる**ことができます。

もちろん、なかには財産を全額使い切らず、残して亡くなられる方もいらっしゃると思います。

でも、それはそれで良いのではないでしょうか。残った財産は、そのまま次の代に引き継いでもらえば良いのです。前述したように、プライベートバンクに財産管理をしてもらっている富裕層などは、自分が残した財産を、子々孫々がきちっと引き継いでいけるように、さまざまな対策を講じています。それと同じように、自分の代で使い切れなかったとしても、その財産は自分の子供や孫に引き継いでもらい、より良い使い方をしてもらえば良いのです。

また、自分の子供や孫たちに、世の中のためになる、より良いお金の使い方をしてもらえるようにするためにも、自分がまだ健康なうちに、子供たちにお金の使い方をきちっと伝授する必要があります。

あるいは、資産を子孫に残すのではなく、すべて社会に寄付してしまうという手もあるでしょう。自分が生きている間、ずっと運用を継続し、自分が他界するときには、その運用で増やした資産の多くを、広く社会に還元するために寄付するというのは、なかなか格好の良いお金の使い方だと思います。

長期投資というのは、そういう格好の良いお金の使い方をするためのきっかけになります。投資を始める前から運用期間を決めてしまうようでは、本当の長期投資とは言えないと思うのです。

A. 本当の長期投資にゴールはない。

おわりに〜長期投資は難しくない！

どうでしたか。ここまで読んで、実は資産形成というものが、積立によって、簡単にできるものであるということに気付いていただけたら幸いです。

現在の日本において、資産形成というと非常に難しいものと思い込んでいる人は大勢います。それは、さまざまなメディアを通じて流れてくる話が、短期であればデイトレードで成功するためのテクニカル分析入門、そして長期分散投資であれば、ポートフォリオ比率の決定方法ばかりですから、「ああ、自分には全く関係のない話ばかり」と思ってしまう人が増えてしまうのも、当然のことだと思います。

実際、長期にしろ、短期にしろ、株式やＦＸトレードに興味のある人というのは、非常に専門的な知識を求めてきます。

マーケットの流れを読むためのテクニカル分析の手法もそうですし、エントリーやイグジットに求められるトレーディング技術などもそうですが、要は非常に細かい技術的な側面に対して強いこだわりを見せる傾向が強く感じられます。

もちろん、それ自体を否定するつもりは、全くありません。むしろ、人の手を借りず、自分の手でお金を稼ぐために勉強をするというのは、素晴らしいことだと思います。今の時代、会社に勤めていても、人生安泰とは決していえませんし、リストラされて仕事での収入が途絶えたとき、FXでも、株式のデイトレードでも結構ですが、きちっと稼ぐだけのスキルがあるとしたら、それはそれで頼もしいでしょう。

でも、現実問題として、そこまで資産運用というものに興味を持っている人というのは、ほんの一部に過ぎません。大勢の人は、テクニカル分析の勉強をしたいとは思っていませんし、ましてやマクロ経済の知識を身につけるために、難しい専門書を読もうなどとは考えないはずです。

そもそも、毎日の仕事、家族サービスに時間を取られ、自分自身の時間がどんどん少なくなっているのに、それを資産運用の勉強に費やすというのは、むしろ苦行とさえ言えるかもしれません。

それなのに、これからの時代、資産運用なしに安心できる将来設計を描くことが難しくなってきています。公的年金の支給開始年齢引き上げや年金額そのものの減額、医療費の引き上げ、そして増税といったように、この国に住み続けようと思ったら、さまざまな経費を負担しなければなりません。

その一方、収入は横ばいで増えにくくなりますから、これまでのように預貯金のみに頼った運用を続けていたのでは、将来の資産形成が覚束なくなってしまいます。

つまり、これからの時代、資産運用は、生活水準を維持していくために誰もが必要とするような重要なインフラになっていく可能性が高いのです。

「インフラ」といえば水道やガス、電気、あるいは道路など、いずれも生きていくうえで欠かすことのできない大事なものではありますが、普段、生活をしていて、その存在を殊更に意識するようなことはありません。

資産運用も、そういう存在であれば良いのではないでしょうか。

繰り返しになりますが、長期投資を始めることは難しいものではありません。

今まで預貯金でしか運用したことがないという人にとっても、あるいは短期トレード中心なので同時に長期投資まで行なう余裕がないという人にとっても、無理なく簡単に始めることができます。

また、2014年1月からスタートするＮＩＳＡ《ニーサ》（日本版ＩＳＡ＝少額投資非課税制度）も、個人の長期投資を促進する有効な制度になりそうです。この制度は、株式と株式投資信託を対象にした非課税制度で、具体的には次のような内容になります。

（1）２０１４年1月1日現在、20歳以上で日本に居住
（2）毎年の非課税枠は１００万円
（3）全体の非課税枠は５００万円
（4）非課税期間は5年間

つまり毎年１００万円の投資元本から発生する株式および株式投資信託の値上がり益、配当金、分配金について、最長5年間という運用期間中に生じた分について非課税扱いになるというものです。全体の非課税枠が５００万円なので、毎年１００万円ずつ5年間にわたって投資できます。

ＮＩＳＡの扱いは、証券会社、銀行などの金融機関に加え、セゾン投信のような独立系投資信託会社でも扱います。最長5年間という非課税期間を有効に活用するためには、とりもなおさず長期で保有できる投資信託を選ぶ必要があります。この点でも、本書で取り上げた9本のファンドは、有効な選択肢になりそうです。

このような制度は「長期投資」をするときには非常にトクする制度です。政府も、個人投資家の長期投資に対して税制面で優遇し後押しをしているわけです。

しかし、今まで述べてきた通りいちばん難しいのは続けることです。

東日本大震災はもとより、全世界に投資するというのは、常に世界各地で起こる戦争や自然

災害、人災、革命といったリスクを伴います。しかし、過去の歴史から振り返ってみれば一時的に経済が停滞する地域があったとしても、長い目で見れば、世界経済は右肩上がりだったのです。今後も、それを信じることができれば長期投資という大きな果実がもたらされるに違いありません。

1000万円の道程も、5000円、1万円の積立から始まります。まずは始めること。そして続けること。そこから必ず未来が見えてくるはずです。

中野晴啓

2013年6月

〈注意事項〉

●本書に記載の内容は、著者個人の見解であり、所属する組織の見解ではありません。

●本書の投資信託のスクリーニングに関しては、2013年2月末現在の結果であり、イボットソン・アソシエイツ・ジャパン株式会社よりデータ提供をいただきました。本書は情報提供を目的としております。また、本書に挙げた投資信託の情報は、今後、予告なしに変更される場合もあります。最新のデータに関しては、その投資信託の運用会社や販売会社（証券会社）などに直接お問い合わせください。投資信託についてのデータ詳細を調べるには、『投信まとなび』（http://www.matonavi.jp/）や『モーニングスター』（http://www.morningstar.co.jp/）といった投資信託の情報提供、評価をしているサイトを利用すると便利です。

●本書は、売買の推奨、および投資助言を意図したものではありません。また本書に掲げた情報を利用されたことによって生じたいかなる損害につきましても、著者および出版社はその責任を負いかねます。投資対象および商品の選択など、投資に関わる最終決定は、くれぐれもご自身の判断で行なっていただきますよう、お願い申し上げます。

●取り上げた投資信託は、個人が購入できるものに限り、DC（確定拠出年金）、SMA（ラップ口座）専用ファンドを除いた3376本の中からスクリーニングをしました（2013年2月末現在）。

［著者］

中野晴啓（なかの・はるひろ）

セゾン投信株式会社　代表取締役会長。公益財団法人セゾン文化財団理事、NPO法人「元気な日本をつくる会」理事。1963年東京生まれ。87年明治大商学部卒、クレディセゾン入社。セゾングループの金融会社にて資金運用業務に従事後、投資顧問事業を立ち上げ、グループ資金の運用のほか、外国籍投資信託をはじめとした海外契約資産等の運用アドバイスを手がける。その後、（株）クレディセゾン　インベストメント事業部長を経て2006年セゾン投信（株）を設立、2007年４月より現職。米バンガード・グループとの提携を実現、現在２本の長期投資型ファンドを設定、販売会社を介さず資産形成世代を中心に直接販売を行なっている。また、全国各地で講演やセミナーを行ない、社会を元気にするための活動を続けている。『運用のプロが教える草食系投資』（共著：日本経済新聞出版社）、『20代のうちにこそ始めたいお金のこと』（すばる舎）、『30歳からはじめる お金の育て方入門』（共著、同文館出版）、『年収500万円からはじめる投資信託入門』（ビジネス社）ほか多数。

最新版　投資信託はこの９本から選びなさい

――30代でも定年後でも、積立だけで3000万円！

2013年７月19日　第１刷発行
2021年７月30日　第12刷発行

著　者――中野晴啓
発行所――ダイヤモンド社
〒150-8409　東京都渋谷区神宮前 6-12-17
https://www.diamond.co.jp/
電話／03･5778･7233（編集）03･5778･7240（販売）

装丁――――小口翔平（tobufune）
本文･DTP ―大谷昌稔（パワーハウス）
イラスト――竹内さおり
製作進行――ダイヤモンド・グラフィック社
印刷・製本―ベクトル印刷
編集協力――鈴木雅光（有限会社 JOYnt）
編集担当――木村香代

ISBN 978-4-478-02544-4